内容创作者

撕掉“网红”标签，我们是内容创作者

发声体编辑部 编

SPM
南方出版传媒
广东经济出版社
·广州·

图书在版编目（CIP）数据

内容创作者 / 发声体编辑部编 . —广州：广东经济出版社，2021.11
ISBN 978-7-5454-8009-2

Ⅰ . ①内… Ⅱ . ①发… Ⅲ . ①网络营销－研究－中国 Ⅳ . ① F724.6

中国版本图书馆 CIP 数据核字 (2021) 第 210257 号

出 版 人：李　鹏
责任编辑：易　伦
责任校对：黄思健
责任技编：陆俊帆
封面设计：吴洛菲
插　　图：王心悦

内容创作者
NEIRONG CHUANGZUOZHE

出版 发行	广东经济出版社（广州市环市东路水荫路 11 号 11 ～ 12 楼）
经销	全国新华书店
印刷	中华商务联合印刷（广东）有限公司（深圳市龙岗区平湖镇春湖工业区 10 栋）
开本	787 毫米 x 1092 毫米　1/16
印张	9.625
字数	183 千字
版次	2021 年 11 月第 1 版
印次	2021 年 11 月第 1 次
书号	ISBN 978-7-5454-8009-2
定价	35.00 元

广东经济出版社网址：http://www.gebook.com 微博：http://e.weibo.com/gebook
图书营销中心地址：广州市环市东路水荫路 11 号 11 楼
电话 :(020) 87393830 邮政编码 :510075
如发现印装质量问题，影响阅读，请与承印厂联系调换
广东经济出版社常年法律顾问 : 胡志海律师

发声体编辑部

CHIEF EDITOR 负责人
刘娟（DAISY LIU）

4 年海外版权工作经历，3 年策划经历，双修英文专业与新闻学专业。曾负责出版亚马逊银行类图书销售量冠军《银行 4.0》，年度销量超 20 万册。与华为、微众、平安等企业的高管有过合作与交流。在短视频行业摸爬滚打的观察者，在图书出版行业不懈努力的梦想家。

CONTENT CHIEF EDITOR 内容主编
谢维平（WEIPING XIE）

网名“费小丑”，8 年媒体从业经历，从电影到长视频，又从长视频到短视频，希望关注最主流、最大众的娱乐内容形态。跑过电影节，见过大导演，报道过爆款剧集、综艺，现在在认真研究关于短视频的一切。

曾茜（RORO ZENG）

直播与短视频行业的观察者，偶尔的百万阅读量“爆款文章”撰稿人。出过行业报告，怼过行业大厂，深入挖掘行业内幕。一线吃瓜群众，一位永远奔走在减肥路上的追星女孩。

纱词苏（AMBER）

笔触可严肃可温暖，作品获得过某省新闻奖。是个有天赋的“反卷先锋”，没理智的“食物粉碎机”。

程晓玲（LYNN CHENG）

土生土长的深圳“土特产”。资深网民，4 年出版行业从业经验，曾参与出版“麦克法兰现代思想家丛书”、春风绘本“儿童性安全教育系列”等图书。梦想是过上那种 54 岁时要上班又不用工作的快乐生活，至今的每一天都在等待那一天的到来。

张翼翱（TIGER ZHANG）

“人间咸鱼”，东北地区非著名热心市民，曾荣获某地区进修附属小学剪纸比赛二年级组第二名，撰写过阅读量超百万、千万的文章数篇。

BUSINESS MANAGER 外联经理
郑燕珊（YSABEL ZHENG）
艾思云（TIFFANY AI）
谢昔辰（SHERRIE TSE）

ART EDITOR 美术编辑
吴洛菲（ALFY WU）
王心悦（MOON WANG）

PHOTOGRAPHER 摄影师
李思杰（SALVIO LEE）
蔡瀚庆（HANS CHOI）
陈紫荣（KAEBI）

PHOTOGRAPHY GUIDE 摄影指导
刘星雨（KIM LAU）

特别鸣谢 • 完美日记 • 王饱饱 • 参半 • 梅尼耶 • 一栗莎子 • 葵的精神世界 • 芮丹尼 • 少女主义 (girlism)

VT

展现自我
更自由地表达

撕下“网红”标签
我们是内容创作者

CONTENT CREATOR

《圣经》中说，上帝在第七日开创了世纪，他做的第一件事便是让世间有光。何为光？其实，对于大多数的“00后”与“95后”而言，在需要发声的年纪，新媒体的出现就是那束照亮他们的光。

在过去的2020年，一些人经历了生命中的至暗时刻，他们因疫情而经历了生离死别，但也有人涅槃重生。在那个特殊的空间，社会的运行被按下了暂停键，但新的生机也在此时萌发，新产业趋势崛起。疫情将人们困锁于有限的空间，但却为短视频平台的崛起添上了一把火，推动电商行业进入另一个阶段——短视频电商时代。

短视频浪潮已至，“发声体”系列应运而生，传递行业从业者的想法与态度，展现我们对于这个行业的观察。

本书中，我们为你讲述“95后”与“00后”们的视频首发阵地——抖音。抖音是新青年们的一个全新的表达窗口，它的出现代表一个时代的开启。

也许你会觉得，被短视频平台眷顾的人都是幸运儿，它们只关注高颜值群体，鼓吹的是“颜值经济”，但我们要带你去认识的，并非单个的个体，而是一群有梦想、敢创作、永不退缩的年轻人。滤镜之外的他们跟你想象中的并不一样，也跟网络中所描写的样子截然不同，例如本书的重点人物梅尼耶。

梅尼耶是隶属游良文化的头部达人，在抖音上，在短视频中，他是一位帅气十足的潮流男孩，因外表酷似李荣浩而有“李荣浩广州分号”之称。2020年3月，他因“楼道变装”而出圈，继而“火”遍整个抖音平台。

梅尼耶之所以能够获得如此多用户的喜爱，是团队共同奋斗的结果，他的每一个视频都是团队高度配合的产物——不论是短视频还是中长视频，均是如此。

在梅尼耶团队成员心中，他们是内容创作者。从“战术名侦探”系列开始，他们就一直在不断地思考创作、打磨作品，最终才拥有如今成绩。

你最终会发现，所谓的“网络红人”，不过是那些在风口过后依然坚守内容创作的人，是能在打磨作品中成长的人，没有哪一个人的成功是因为他自带“锦鲤属性”。正如梅尼耶，这个憨厚可爱的广州男孩之所以成功，是因为他一直在为了梦想与内容而不断努力。

在本书中，你能看到我们对这个行业所进行的深度研究——从行业资讯到拍摄技法，行业中最基础与精彩的部分，都为你一一展现。我们期待能让大家对短视频的内容创作有更多的认识与了解，从一个全新的视角窥视这个新媒体市场。

目录 CONTENTS

- VIDEO TALKING

第一章　互联网所引导的生活方式

第二章　创作环境

第三章　真正的内容创作者

第四章　短视频之下的新消费

Marshall
Roland
Gibson
BASS
Epiphone
Blues Custom
VOX
MELECTRONIC
RECORDOMAX

CHAPTER ONE

第一章 互联网所引导的生活方式

要问过去的5年里，哪一种内容传播方式能从小到大、狂飙突进，并最终深刻地介入并改变了人们的生活方式，答案无疑是“短视频”。短视频刚出现的时候，更像是一种时髦风气，但在算法机制的推动下，它开始迅速地成长起来。在短视频体系下涌现出大量的内容创作者，他们依托于整个生态成长。

这一次我们回溯了抖音、快手、B站、小红书等各大平台从无到有的成长过程，看它们的前世今生，看它们如何引领起这一浪潮。

看短视频已逐渐成为一种主流的娱乐方式，这是一次影响深刻的改变。现在人们在短视频平台上打发时间、获得快乐、交到朋友，甚至购买喜欢的商品。我们的生活正在被短视频影响和改变，这是短视频时代的生活方式。

THE LEADER OF SHORT VIDEO

短视频领跑者的前世今生

撰 稿 / 刘娟

这个从视频中“破圈”的“音乐 App”有点不一样！

2016 年 9 月，抖音 App 正式上线。2016 年 11 月 2 日，抖音官方正式发布了第一条微博，并以平台小视频的形式进行转发。在蛰伏期，抖音的重心在于打磨产品，不断优化产品性能，为用户带来更佳的体验，例如增加各色特效、滤镜以及贴纸，提升音质与画质，让视频的加载及播放更加流畅，这也是为了打造出不一样的视频效果，迎合年轻人的喜好。

抖音一直在遵循的原则：只做好的产品，让用户愿意停留与传播。

接下来，当用户量井喷式增长时，抖音进行了重点运营与推广，开始积累用户和细化布局。抖音开始提供“酷帅”的视频玩法，不断做各式美颜效果，加入 3D 抖动水印效果以及酷炫的道具等，后续又增加了抖音故事、音乐画笔、染发效果、360 度全景视频以及 AR 相机等各类趣味玩法，让创作的边界外延、空间扩大。线下的运营包括赞助了多个综艺节目以及开展了各类营销活动等。

确定产品基调之后，抖音开始将重心向传播运营以及用户增长转移，例如赞助国内主流综艺节目、引入明星等。在 iOS App Store 应用总榜上，抖音开始与其他 App 应用拉开距离，在“摄影与录像”类别里颇有独占鳌头之势。积累大量用户之后，抖音逐步向变现之路迈进，例如在 App 的用户视频内容中添加“评论区”功能，以增加与调性相符合的广告等。到了 2018 年的春节，抖音彻底火爆，连春晚都可以通过抖音进行观看了。在 iOS App Store 的下载榜单上，抖音也一直位列前三，在“摄影与录像”类别中稳居首位。

2018年第一季度非手游类App排行榜丨中国App Store

下载量TOP10

1	抖音短视频	▲
2	微信	▼
3	淘宝	-
4	支付宝	▼

WHEN THE USER SINKS, THE TUYERE IS MORE THAN THE "TRENDING"

用户下沉之际，风口不止于“风口”

在后续的电影宣传打法里，抖音增加了《百万英雄》（内容玩法的答题活动）的入口，获得了“春节流量大满贯”。一夜之间，抖音不仅成了年轻人爱玩的 App，还以日活用户 6646 万的数据一跃成为大众最喜爱的社交软件之一，最终成就了现阶段“南抖音，北快手”的局面。从两大短视频巨头的口号中不难看出双方激战已达白热化：“记录美好生活”与“记录世界，记录你”，其间的差别，不过毫厘之间。抖音与快手，差异在于用户的城市化分解。快手的用户多集中在四五线城市，而抖音的用户则多为一二线城市人群。而在年龄层上，抖音上 30 ～ 39 岁的用户数占据总用户数的 50%。内容层面，抖音也成功“破圈”，向着社区内容多元化的方向发展——从感人瞬间到生活小技巧、日常幽默情景剧等，一点点渗入人们的生活。也许还会有一天，抖音会成长为真正的搜索引擎，到那时，用户黏性会得到二次强化。

比起抖音当前已为人熟知的“互联网社交 App”的形象，我们更关注的是它的过去以及充满想象的无限未来。抖音上的内容创作者经历了洗礼，只有他们自己才能真正地领悟到其中的变化，而这些变化影响了他们的生活，也改变了他们的未来。

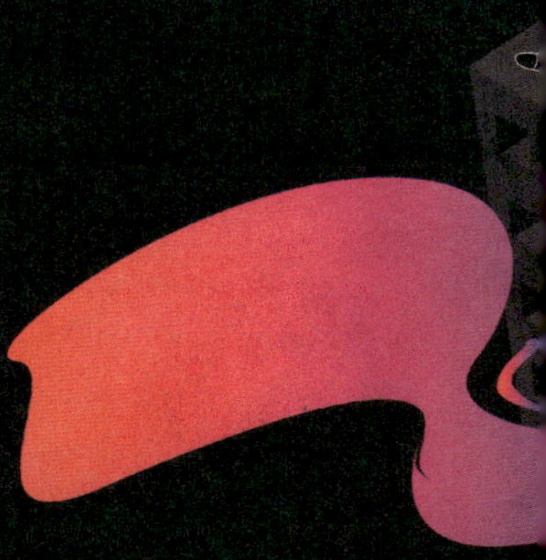

发声体采访了最早一批进入抖音的舞蹈内容创作者，发现了一些有趣的创作故事。这些故事也在向大家证明，经历了多年发展的中国互联网实实在在地给人们带来了变化，流量与风口之外，优秀的内容创作对生活在互联网中的人们，特别是对年轻的“95后”以及“00后”，正在产生潜移默化的影响。

19 YEARS OF DANCING, ON ANOTHER STAGE, SHE STILL LOVES IT！

19 年舞龄，换个舞台，她依旧热爱！

受访人 / 钟倩儿

1997 年出生的 24 岁姑娘钟倩儿就是跟平台一起成长的年轻人代表（抖音 ID：钟倩儿），她跳拉丁舞已经有 19 年了。作为最早一批抖音内容创作者之一，她的行为一开始并不被同伴们看好。当时的她也很青涩，无论是剪辑技巧还是脚本的撰写，都暴露出她还只是一名新人的事实。

她回忆道：“其实最开始玩抖音的那批人（我自己接触的），是玩美拍 App 的人。那会儿，大家都比较喜欢在美拍上用滤镜修饰作品，或者是拍视频记录生活，虽然美拍的风格不像抖音那么潮，但用户量还是不错的。做短视频的这个点子，其实美拍刚开始也尝试过。”

作为一名爱自拍的女生，钟倩儿对美拍没有赢抖音还是略感遗憾。不过，讲起个人的经历，她说确实是抖音改变了自己的生活。对于大多数舞蹈生而言，艺考、求学的生涯总是短暂的，既然选择了跳拉丁舞这条路，钟倩儿就抱着坚持下去的决心。从孤身一人来大城市求学，跟小姐妹们在舞团练习，到作为代表参加各类重量级比赛，钟倩儿发展的道路并非一帆风顺，也曾因内部竞争的不公平一度产生放弃的念头。

后来，抖音的出现让她在偶然间登上了另一个舞台。在忍受同伴的不理解与鄙夷所带来的失落感与通过拍摄短视频来实现自我表达之间，她很坚定地选择了后者。

至今，对很多人而言，拍摄一条有趣、高质量的抖音视频仍不是一件易事。平台里面充满了竞争，既有在这里做品牌推广的各大企业，也有各显神通的自媒体，还有迫于市场或营销压力，硬着头皮上阵的不知名博主。这些内容创作者们对于创作优秀内容的艰难都深有感触。对钟倩儿这位拉丁舞表演者来说，自己唯一的优势是用肢体语言去表达。凭借着自己的热情与专业的表演，加上日复一日的努力，“钟倩儿”这个 ID 逐渐在优质内容创作者名单中占有了一席之地，获得了大家的认可。她告诉我们，互联网还是有记忆的。虽然“流量”本身是不带记忆属性的，那些随着风口到来而出现的热点随时会过气，但曾经留下的经典总会被人们记住，因为那是属于时代的记忆。

最早的那一批抖音达人，有人已“破圈而出”，或进入了传统娱乐圈，或实现了商业转型，也有人回到自己原来从事的行业。那些留在抖音平台上的创作，只是对他们成长经历的一次短暂记录。而那些留下来的人，还在为积累粉丝而不断打磨作品。换个角度来观察，我们其实可以看到，线上的优秀作品与线下团队的高强度付出之间存在正相关性。我们看到仍然有很多内容创作者在不懈努力，等待作品“破茧成蝶”，为大家所认可、点赞、传播。在这里可以创造奇迹、拥有回忆，这也许就是这个行业的魅力所在。

抖音：@ 钟倩儿

WE
ME

短视频赛道中的强劲对手

高质量、长内容的 YouTube
打造多维度商业化的自媒体人

了解抖音的发展史，我们可以找寻到一条基本规律：好的产品是通过迭代进化而来的，绝非一成不变。快手从 GIF 转型，抖音从用户人群定位到内容综合模式的分解，都在印证一个道理：只有高质量的产品，才能配得上『顶流』；用心的内容，值得被更多人看见。

YouTube 与哔哩哔哩的 UP 主是如何打造超人气的？

一个人，即一支队伍

“一个人，即一支队伍。”用这句话来形容自媒体人，实在是异常贴切。在鼓励内容创作与输出的时代，我们会发现，大部分平台都能包容市场中出现的形色各异的视频内容。与此同时，视频内容也被不同的人所喜爱。

自媒体人中就包括了一些从零起步的内容创作者。他们设备简陋、选题不定，但愿意用自己的时间为同一件事物或所喜欢的人表达，久而久之，他们收获了一批粉丝、支持者，逐渐产生了更广泛的影响力。

在哔哩哔哩平台上因分享各类汉服而火起来的人气 UP 主“十音”，就是从一个做内容分享的“斜杠” UP 主逐步成长为全职 UP 主的，她与粉丝们一起见证了自己的成长。她原本有令人羡慕的职业与一份可观的收入，但最终她还是选择进入全职自媒体人的行列。对她而言，更看重的是内容的创作。她本可以与大多数分享穿搭类的博主一般，走精品内容路线，去代理一些大品牌的广告，但是她认为自己所做的系列内容，最终目的是让大家更好地了解奢侈品牌本身的价值与溢价是如何形成的。她通过自己的专业知识与相对轻松的诠释风格，把看起来非常有门槛的事转化为普通人也能了解与消化的内容，因此收获了大批粉丝。这就是知识带来的力量和财富价值。

在初期，她的拍摄团队只有一两个人，到后期，为了拍摄一些由旅行与民族服饰构成的深度内容——包括货币的历史等，她不断扩充自己的团队，为创作更具有社会意义与价值的产品做好基础准备。这一切都是内容创作的需要。

（图片来源：Pixabay）

生活的多面性，
用镜头记录另一个世界的多个他们

> 有的人，会用文字去写一本书。
> 有的人，会用镜头去记录一些故事，这些故事本身就承载着历史。

YouTube 上一位拥有 210 多万粉丝的博主保罗用全英文表述的方式记录了日本的很多方面，这些记录俨然可以组成一本《东京旅行指南》。他不仅展示了日本各地的景色以及在他旅行过程中所去的地方，更难能可贵的是，他发布的视频虽然每一段都不到 20 分钟，却能完整地表现出日本各类人员的工作和他们的成长经历与收获。

其中最为热门的一个视频名为《东京宝妈的一天》，于 2020 年 2 月 15 日发布，全网累计点击量达 1349 万次。这个短短 15 分钟的视频，展现了一位年轻的日本母亲全天的生活情况。在关于这位东京宝妈的视频中，我们能看到一个日本的母亲如何打理家务以及如何照顾家庭成员等细节。从这些细节中，我们可以感受到生活的节奏与气息，而这也是短视频拍摄者与策划者需要用心推敲的课题。

（图片来源：Pexels）

保罗将日本的快递员、拉面店店长、玩 cosplay 的女生、从事漫画行业的人等都放入他的镜头里。这些人的生活细节被镜头完整真实地呈现出来，看着视频，就像在看我们似曾相识的一位朋友的生活一样。在观看视频的过程中，我们似乎忽略了创作本身带有一部分商业目的，而会更多地去用心体验那些简单、平凡而又美好的故事。

正是这些故事贯彻了短视频与新媒体发展的初衷——用镜头记录美好，丰富当下的点滴。

（图片来源：Pexels）

THE CURRENT STATE OF SOCIAL MEDIA APPS

社交媒体 App 的现状

快手：用户的点点星光照亮航向

撰 稿 / 纱词苏

2021 年，月活用户超 10 亿的短视频巨头快手迎来成立 10 周年。原来，快手已经成立这么久了——我们如此熟悉它，却发现其实并不了解它。这 10 年，快手从一个 GIF 动图生成工具发展成为一个充满温暖、信任的生活社区，也让我们看到了无数种生活的可能。

快手是目前增长势头最为迅猛的互联网公司之一。坊间流传一句话："南抖音，北快手。"但当我们在一线城市随机采访不同年龄层的网民时，却通常会得到"很少刷快手""没下载过快手""欣赏不了快手的内容"等回答。它在下沉市场大获成功，但又身处社交媒体圈子鄙视链末端，两者形成鲜明的反差。

■ 以"记录世界，记录你"为名出发

2011 年，智能手机开始普及，移动互联网时代悄然来临，快手却在这个时期选择了一条很窄的赛道——做 GIF 动图生成工具。幸运的是，它借上了微博社交的东风，大量的斗图需求让这个动图生成小工具发生了量变，而后产生了质变。快手的早期投资人张斐说，他们很早就意识到，快手不能总是处于工具期，因为做工具会很辛苦，变现的难度太大，要尽快拥有自己的流量和实现用户的交互。

在 2012 年，快手迅速向社区 App 转型。洞察到三线至五线城市下沉用户的需求，应该是程一笑和其他创始人最该被同行膜拜的能力。程一笑曾说："快手的产品理念或者存在的理由首先是连接。快手这家公司为什么存在？就是希望可以连接社会上被忽略的大多数。快手不是为明星存在的，也不是为大 V 存在的，而是为最普通的用户存在的。普惠，最根本的逻辑是每个人都值得被记录，不光是明星和大 V 的生活需要被记录。"

2012—2013年，智能手机和Wi-Fi的普及度越来越高，这为移动端拍摄和发布视频提供了可能。这些利好因素推动短视频快速发展，在日活用户达到7000万之前，快手的用户增长均为自然增长。

■ 去享受，你能“看见每一种生活”

2013年，二度创业的宿华（快手董事长兼CEO）刚刚使新公司的收支达到平衡，正在寻找新的发展方向，这时他遇到了正缺人手的程一笑，两人一拍即合，对快手进行改变——重新在连接端优化分发方式，用算法驱动高效分发，让普通用户的作品被更多的人看到，让每个人都看到自己喜欢的作品。

与大多数短视频平台相比，快手算法的最大特征之一就是“普惠”，“去中心化”的生态使得每个用户发布的内容都能被展示。平台甚至运用经济学中的基尼系数、边际效用等指标来实现流量的均衡分配，尽可能避免生产者之间的“贫富差距”过大。快手算法特有的热度权重也是公开的秘密。视频发布初期，每个新作品都会分配到流量。如果作品的热度提高，那么其曝光机会也会随之增加，此时，热度权重起到择优去劣的作用。当视频热度达到一定阈值，它的曝光机会就会不断减少，此时热度权重起到择新去旧的作用，确保新作品得到曝光机会。

下沉市场用户的规模庞大，用户可支配时间较多，其中74%的用户会把一半以上的闲暇时间消耗在手机上，而那些低学历的手机用户更加偏好短视频。在爬升期，快手逐渐找到了下沉市场用户的精准需求：大众、刚需、高频、可持续。

■ 我们会“拥抱每一种生活”

2014年，快手正式更名。

这一年，微视、美拍、秒拍等短视频App开始邀请明星站台，为争夺用户市场展开激战。但此时人们似乎还是没有看出快手的野心，它依然耕耘在草根短视频记录领域，悄悄收割着渴望成名的普通人。“明星太精致了，跟我们的日常生活离得比较远。快手是一个记录普通人生活的应用。”宿华曾这样回应。

在内容供给上，快手始终保持“接地气”的风格，县城广场的生活百态、田间地头的繁忙劳作、市井小巷的家长里短……共同构成了一个微缩的底层社会。通过“坚持原创，不设转发，强调分享，弱化私信”的产品设计原则，快手被打造成当时中国最大的短视频分享社区，成就了属于快手的“农村包围城市”。

2018年，快手拥有超过1.6亿日活用户、3亿月活用户。2019年，快手完成了宿华定下的3亿日活量的目标。此后，快手开始在商业化、产品迭代、融资推进、内容生态、用户感知等多个方面加速成长。受新冠肺炎疫情影响的2020年是直播电商行业飞速发展的一年，也是快手电商逐渐走向成熟的一年。电商业务和广告在快手内部已经形成了一定的内循环。这种内循环拉动了两类业务共同发展。

■ 期待“用户的星光点亮快手版图”

快手成立10周年之际，快手联合创始人银鑫颇为感慨地说道：“用户生产的作品，就像夜空里点点的星光，一盏又一盏地亮了起来，慢慢地把我们的航线和要去的方向给照亮了。”

对于陪伴快手8年的用户“林壮士”来说，快手记录了她的学生时代，留下了最温暖的故事；对于用户“开船的大橙子”来说，快手见证了她的跑船生活和情感历程；用户“叫我三炮”是新一代打工人，他凭借拍摄搞笑段子帮家里盖起了小洋房；用户“魏宗富”是道情皮影戏传承人，他将皮影戏搬上快手，这一因被时代大潮席卷而濒临消失的手艺在平台上焕发了新的生命力；用户“戴博士实验室”来自英国，他让更多孩子看到了科学的美丽；用户“芈姐MIRUN”成为快手电商主播仅仅2年，已经拥有上千万粉丝，直播中曾创下单场2000万元的带货纪录，复购率超90%。

10年时间里，有数亿用户不断加入快手平台，他们共同打造这个有温度、值得信任的在线社区。在这里，那些原来沉默的大多数不再沉默，那些原来普通的人不再普通，那些原来平凡的事物不再平凡。在这里，每一种生活都散发着点点星光，被看见，被接受，被喜欢。

2021年初，快手在港交所挂牌上市。头顶“中国短视频第一股”的光环，快手的股价在开盘后便暴涨193%，升至每股338港元，总市值超过1.3万亿港元。通过投资、并购，快手已布局10个领域，分别是游戏/电竞、教育、VR/AR/MR、人工智能、娱乐及内容生态、文档工具、短视频产业链、电商服务、支付、创投。

更令人惊讶的是，快手接连拿下CBA联赛、美洲杯、2020东京奥运会及2022北京冬奥会等赛事转播的授权，说明持续深耕短视频赛道的快手有了与主流媒体正面硬刚的资格，同时证明了短视频已经成为不可或缺的重要端口。宿华在快手上市的致辞中说：“当无数的人和内容连接在一起之后，便逐渐展现出多元而真实的社会，他（它）们之间相互作用，构建起一个有很强生命力和演化能力的生态。在这个生态里，不断涌现出新的商业模式，重构商业系统和行业结构。”月活用户超10亿后，快手的生态能力将更为强大，也具有更多的可能性：一方面，可以凭借自己在用户和流量方面的优势，孕育更多的新业务，开拓新的市场；另一方面，还可以将用户和流量打包为“硬资产”，对外进行赋能，构建自己的“流量生态”。

B 站："二次元""破圈"后的"小破站"

撰 稿 / 程晓玲

■ 以弹幕构建起的社交视频平台

同一部番剧，看的时候有弹幕和没弹幕是完全不同的体验。

"弹幕"是悬浮于视频画面上的实时评论。来自不同时空的不同观众，对同一个画面的评论和想法以弹幕的形式在屏幕中相遇，彼此交错，给观众一种"实时互动"的错觉。而说到国内做得最好的弹幕视频平台，非哔哩哔哩（bilibili）莫属。哔哩哔哩是中国年轻世代高度聚集的文化社区和视频平台，被用户们称为"B 站"。

在 B 站，点开各部番剧的第一集，通常会有"恭喜你，找到了宝藏番"的弹幕"霸屏"，有着相似爱好的人们在起点相聚，并欢迎刚刚到来的新人；在恐怖画面出现前，弹幕会提醒"前方高能，非战斗人员请迅速撤离"，而满屏的弹幕会遮挡一些或血腥或可怕的画面，让又胆小又爱看的人受到"保护"；在番剧最后一集的尾声，不断飘过的"完结撒花，感谢陪伴"和关于时间留念的弹幕让人有一种观众互相握手道别的画面感。

"陪伴"是弹幕给观众营造出的最显著的氛围。依靠弹幕，B 站从一个单向的视频播放网站变成双向的情感连接平台。

■ 从 MikuFans 到 bilibili

中国最早引入弹幕功能的平台其实是 AcFun，也就是我们常说的"A 站"，B 站创始人徐逸也是 AcFun 最早的会员之一。但是 A 站由于各种原因经常无法正常运行，2009 年时更是从 7 月一直"宕机"到 8 月，因此，当时的徐逸萌生了创建一个稳定的弹幕视频分享平台的想法。

2009 年 6 月 26 日，徐逸创建了弹幕视频网站 MikuFans。"Miku"是初音未来——一个日本的虚拟歌手，"MikuFans"的意思即"初音未来的粉丝"。

这个网站就是B站的前身，徐逸也因此被粉丝们亲切地称为“站长”。MikuFans最开始只有5名工作人员，他们分布在不同省份，共同负责网站的技术、内容和运营。靠着培养核心用户和从当时人气极高的A站引流，MikuFans逐渐壮大。

2010年1月24日，“MikuFans”更名为“bilibili”。“bilibili”这个名称来源于动漫《某科学的超电磁炮》中男主人公对御坂美琴的称呼，而御坂美琴则是徐逸当时最喜欢的角色。

由其缘起可以看出，B站的“二次元”属性浓烈，早期也主要是一个ACG（动画、漫画、游戏）内容创作与分享的视频网站。

■ 从野蛮生长到规范运营

在国人版权意识还较薄弱的时候，B站开始了早期的野蛮生长。当时B站上的动漫、电影都依靠用户从其他地方“搬运”过来，这些盗版视频吸引了众多用户涌入，使B站拥有了庞大的用户体量。

2012年10月发生的“真当自己大小姐”事件❶，显露出B站创始人徐逸并不拥有经营者意识。正如他本人所说：“我不是一个企业家，而是和你们一样，只是ACG爱好者。”B站想要走得更远，需要有一位具备职业经理人素质的带领者。

在发展的拐角处，B站遇到了陈睿。2011年，猎豹移动联合创始人同时也是B站天使投资人的陈睿加入B站。2014年11月，陈睿正式成为B站的董事长，随后他引入大量的专业人才、申请视频牌照、下架不合规内容、购买动画版权，逐步推动B站规范化运营。截至2017年12月，B站的活跃用户数量达到4769万，而曾经占有先机的A站同期的活跃用户数量仅有170万。同为“二次元”弹幕视频社区，B站跑赢A站的关键因素之一，便是拥有以陈睿为首的商业运营管理团队。

■ 与创作者站在一起 打造一个泛内容视频社区

收入结构过于依赖游戏、“二次元”内容有局限性、用户群体单一……规范化运营后的B站依然存在很多问题，而这些问题的解决思路，都指向同一个方向——打造一个泛内容视频社区。于是，B站站到了创作者这一边，力图共同构建一个源源不断生产各类优质内容的生态系统。

2018年2月,B站启动了创作激励计划,对UP主原创的视频、专栏文章等稿件予以扶持。随后，B站陆续引入了央视新闻、中科院物理所等不同领域的主流内容团队,也开始尝试直播、广告、电商等变现方式。为了扶持刚入门的视频创作者，B站开设了创作学院，通过各类线上公开课教授视频制作、运营技巧和平台功能使用等，让创作者迅速了解平台的玩法。

在公司成立12周年的演讲中，B站董事长兼CEO陈睿提到，B站有2408名员工全职为UP主服务。B站这么做的目的，是让优质的内容获得更多的流量，让优质的UP主收获更多的粉丝。根据B站发布的2021年第一季度财报，B站现在拥有220万个月均活跃UP主，月均上传770万个视频。B站已经成为一个涵盖7000多个兴趣圈层，有200万个热门内容标签的泛内容多元文化社区。

■ B站的最终目标是成为一家文化品牌公司

虽然经历过并不光彩的盗版视频平台阶段，也有不少老用户质疑其失去“初心”而失望出走，但是B站在随势而变的商业化运营中始终没有改变其作为社区的定位。在B站的12周年演讲中，陈睿说道：“B站不是一个工具，而是一个社区。社区是让很多用户喜欢B站，认为B站与众不同的原因。”

与初期以不同的圈层文化来构建社区不同，B站正逐步将内容升级，以视频来构建一个让其足以成为品牌的社区。陈睿曾表示，5G时代，视频将是互联网内容绝对的主流，未来的每一个互联网的用户都会是视频用户，未来会做视频就像以前会写作文一样，专业个人视频创作会成为规模化的行业。

2020年，B站一度将“你感兴趣的视频都在B站”这一全新的平台slogan作为开屏画面。从这个变化中可以感受到，在一次次地“破圈”之后，B站正在逐步打造一个内容更为广泛的视频品牌。这也正对应了B站副董事长李旎曾说过的——“B站的最终目标是成为一家文化品牌公司。”

❶ 2012年10月，B站UP主“黎大小姐”（B站ID：黎亦乔）搬运了当时的人气动画*Little Busters!*的第一话至B站，但该动画的第二话却被雪飘字幕组抢先发布，黎亦乔向B站官方发邮件询问情况。其间舆论开始发酵，更有传言说雪飘字幕组与B站有不可明说的利益关系。现在我们已经无法得知当时B站是如何处理此事的，但显然黎亦乔对事件的处理结果是不满的，因为她反手一击，删除了自己两年来在B站的所有投稿。面对这样的情况，当时身为B站管理者的徐逸没有及时处理投稿人的不满情绪，反而在微博等平台表示黎亦乔不是原创作者，她不搬运视频也会有其他人搬运，嘲讽对方“真当自己大小姐”。此言一出，众多感同身受的B站投稿人的愤怒情绪高涨，纷纷删除自己的投稿，以投稿人搬运为视频主要获取渠道的B站面临巨大危机。眼看事情一发不可收拾，徐逸才在微博道歉。（来源：《哔哩哔哩“真当自己大小姐”事件》，https://www.jidianwang.com/event/1320486.html，2012年10月13日）

小红书：新青年乐土，“人间种草机”[1]

撰 稿 / 曾茜

初代 KOL[2] 章小蕙、“口红一哥”李佳琦、称“碎钻不值钱”的张雨绮、引领韩系时尚穿搭与潮流风格的金泫雅……引无数用户“钱包尽折腰”的明星们齐聚小红书，让用户怎能抵挡住这“人间种草机”的诱惑？

除了有众多明星在此种草之外，小红书的内容也越发全面，愈加年轻。它们可以是与潮流音乐人共同创作的音乐作品或视频故事，抑或是与国潮品牌设计师一起登上秀场舞台的分享，又或是某个让人哭到自闭，剧情又引人拍案叫绝的剧本杀[3] 分享。与 8 年前相比，如今的小红书更在意的是贴近生活的美好刚需、生活态度以及方式，而不仅仅是意见领袖们输出的产品和消费观念，用户对于“种草”的认知与认同感也在不断进化。年轻的小红书正在被更多年轻人选择，而在此之前，它已经做好了拥抱未来“Z 世代”的准备[4]。

■ 诞生：“人间种草机”

2013 年，中国互联网行业风云变幻——初代电商大战刚过去，4G 网络时代开启，移动支付行业标准发布，微信支付诞生……在大鳄们搅动行业风云、推动变革之时，一家名为“小红书”的企业在上海悄然成立。小红书的创始人毛文超和瞿芳是武汉同乡，两人正在为第一代产品感到头痛，接受着公司天使投资人徐小平“爱的教育”。这家公司的第一代产品是一份名为《小红书出境购物攻略》的 PDF 文件，里面的内容是介绍包括美国在内的 8 个国家的购物攻略。那时，在中国移动互联网上已经涌现大批购物点评类产品，大众点评、去哪儿旅行、美丽说、蘑菇街等均已上榜当年的中国 App 百强。

显然，与专业成熟、快捷方便的 App 相比，一份 PDF 文件无论再怎么详尽也很难让独具慧眼的投资人徐小平满意。这份电子版的《小红书出境购物攻略》取得的销售数据并不算差，在几乎没有任何宣传的情况下，上线后 3 个月内累计被下载超过 50

万次。这也充分展现出国人在出国与购物方面有强烈的需求。但这份电子文件缺少交互与升级迭代的功能，更类似于用完即扔的单项阅读型产品。经过一番激烈的单方面“教育”后，徐小平为两人指明了方向——把钱花在移动互联网上。

很快，到了同年12月，一款名为“小红书购物笔记”的App上线。App延续了此前电子版《小红书出境购物攻略》的内容架构，并在方向调整之后，迅速为小红书带来了第一批种子用户。“小红书购物笔记”App一开始推出了一份《香港购物指南》。顾名思义，这份指南的内容是围绕我国香港地区展开的。《香港购物指南》的推出极具针对性——当时正值圣诞节期间，是香港各大百货卖场疯狂打折的时期，也是中高产阶层的女性消费者对于去香港地区购物的需求最为旺盛之时。她们自然而然成为小红书的首批种子用户，也为小红书此后的定位打下了基础。

同月，工信部正式向三大电信运营商发放4G牌照，中国迈入4G时代。硬件的升级对小红书的发展起到了不小的推动作用。与网速一同飙升的，是用户日益增长的购物和分享需求。小红书给App增加了交互功能，转型做UCG（用户原创内容）社区，大批用户在这里分享自己的旅游经历与购物攻略。这一内容生产模式奠定了小红书分享美好以及优质内容高频迭代的社区氛围。至此，“人间种草机”终于初具雏形。

■ 阵痛：种草容易拔草难[5]

“买什么，怎么买”是小红书上永远热门的内容，但越来越多的用户不满足于知道买什么、怎么买，这成了小红书决策者们亟须解决的问题。社群种草，用户需求的终端是购物，但用户们在小红书上阅读，被种草，买东西的时候却需要跳转至电商平台，“人间种草机”也只能为他人作嫁衣。显然，这并非小红书所愿。于是，升级开发电商功能，完成商业闭环是自然而然的事情——电商板块“福利社”应运而生，以内容社区带动电商销售，在App内部完成“种草—拔草”的商业闭环。

内容社区结合电商，从高黏度的用户群体强大的消费能力中获利，小红书的这套商业打法十分清晰。但不巧的是，2014年被称为“跨境电商元年”，天猫国际、网易考拉、京东全球购等大批选手入局。以社交起家的小红书缺乏电商基因，虽与众多品牌达成合作，但在供应链和物流方面存在极大的短板，而最直接的体现便是“福利社”的产品价格普遍高于其他电商平台。这一点在日渐精明、货比三家的消费者眼中是极大的减分项。因此，尽管小红书的人均单日使用时长高，用户活跃度与黏性极强，但电商闭环的最终落点——本可以在小红书平台内完成的拔草工作，还是向其他购物平台跳转了。

■ 选择：拥抱年轻人

有人说，小红书的电商板块后续发力的效果欠佳，其实不然。尽管开发电商功能是被用户推着走，供应链短板导致竞争力不如电商平台，但在积累的社区流量的支持下，“福利社”也实实在在为小红书带来了盈利。2015年上半年，在没做广告的情况下，小红书平台内“带货”金额达2亿元。因此也不难理解，直到2017年，小红书的战略仍是“ALL IN电商”，并且紧跟直播电商的步伐。不过，相较于纯粹的电商，小红书的立身之本仍是内容社区。在经历了一波电商的夹击后，还没完全准备好的小红书将电商板块变“轻”，重心又回到了做内容社区上。这一次回归，小红书的眼光瞄向了更年轻的群体。

2017年底，小红书开始邀请明星作为KOL入驻，林允、戚薇、张雨绮等明星的活跃表现很快引来大批粉丝。随后的一年多时间里，小红书不断加码，斥资千万元成为《偶像练习生》《创造101》等爆款综艺的赞助商之一，并邀请参赛选手入驻平台，做内容的种草与分享美妆护肤心得。在邀请明星与赞助综艺等大手笔的宣传攻势下，小红书在2018年初至当年6月底的半年时间里，日活用户数量从300多万飙升至800多万，堪称“垂直上升”。因为运营的目标转向吸引年轻群体，所以小红书的新增用户多以“95后”为主，用户群的主要构成部分开始从有中高消费能力的女性逐渐向“Z世代”偏移。剧本杀、音乐计划、“潮流战役”、视频等年轻人喜欢的内容形式在小红书平台上纷纷开花，不再只有产品的分享和关于日常生活的推荐。

“剧本杀《就像水消失在水中》绝了！”一位在开业前内测剧本杀的鸦羽剧本社员工忍不住在小红书上推荐，被哭湿的大把纸巾、被眼泪打湿的剧本、缓不过情绪的员工们等的照片以及关于剧本的大段长评，使文章很快收获了超过1000的收藏量和超过5000的点赞量，远超店家官方账号155人粉丝量能带来的流量数据。数据爆发的背后，是用户不再仅仅因为购物分享而将目光投向小红书。年轻的小红书，正在从“人间种草机”变成青年人的新乐土。

❶ 种草：网络流行语，可以简单地理解为“分享与宣传”。
❷ KOL：“Key Opinion Leader”的简写，意思是“关键意见领袖”，他们通常在某个群体中拥有较大影响力，为相关群体所接受或信任。
❸ 剧本杀：一种有剧本的角色扮演游戏。
❹ Z世代：网络流行语，特指1995—2009年出生的人群。
❺ 拔草：网络流行语，本文中指购买心仪的东西。

THE WORLD OF SHORT VIDEOS INSIDE AND OUTSIDE THE WALL

墙内外的短视频世界

撰 稿 / 程晓玲

YouTube 的诞生让用户生产视频成为可能

在智能手机还未普及之前，将自制视频放到互联网上分享是非常困难的事情。直到 2005 年 2 月 15 日，被誉为“天才大脑”的美国华裔企业家陈士骏等人创立了 YouTube 之后，这一情况才被改变。YouTube 是世界范围内起步较早的社交视频网站，上传、观看、分享是其最核心的三个功能。有别于传统电视平台由专业机构制作视频，YouTube 的用户可以自己拍摄短视频并在平台上发布，分享个人生活与传递价值观。YouTube 解决了当时短视频难以在互联网上分享的问题，而这也成为它能够快速发展的核心原因。与此同时，它也迅速在广告变现的方式上迈出了商业化脚步，用户通过注册成为 YouTuber（视频分享人）后即可获得广告分发与流量打赏（来自平台方）。

毫无疑问，UGC[1] 是 YouTube 的重要组成部分。YouTube 首席商务官罗伯特·基恩（Robert Kyncl）在《订阅：数字时代的商业变现》中写道：“这些创作者所代表的视频形式（游戏解说、美妆教程、开箱视频）都不是我能在电视上看到的内容，任何业内人士，即便 YouTube 的高管，都没有预见这些前所未见的内容形式会成为 YouTube 的主流。”随着内容的不断丰富与用户群的壮大，YouTube 逐步发展成全球最大的社交视频平台。

[1] UGC：User Generated Content，用户生成内容，即用户原创内容。

早期的弄潮儿们

正因为有了 YouTube 这类社交视频平台，大众才了解到用户的原创作品也可以丝毫不逊色于专业机构制作的内容。作为 YouTube 第一批用户之一的 Fine Brothers 曾在好莱坞工作，但好莱坞对于新人而言门槛太高，于是他们转战互联网，做起了视频。他们创作了“REACT”频道，形式主要是向参与“REACT”的用户播放一段视频，然后拍摄他们的反应并针对视频内容对其进行采访，主题有对同性婚姻合法的看法、对美国政党辩论发言的看法等，多样且具有话题性。“REACT”频道按采访对象分为“Kids React”“Teens React”“Adults React”“Elders React”“Youtubers React”等，让观众能直观地看到美国不同人群对某一事件的各种看法。

而本职是老师的 CGP Grey 业余时间会在 YouTube 上科普各类知识，包括各类选举制度的运作机制、如何成为教皇等。他的视频会配上自己手绘的图片，线条简单却也显示出其独特的个人风格。各种晦涩难懂的知识在 CGP Grey 的讲述下变得生动而有趣，因此他的频道深受用户喜爱。这种不依托于机构的个人账号在 YouTube 上并不少见。

综合来看，我们会发现处于时尚、健身、科技、动漫、游戏、影视等各领域的内容创作者在 YouTube 这个更包容的平台里焕发出活力，生产出大量观众喜闻乐见的视频。其实早在 2013 年 5 月就曾有网友提到，YouTube 里 5 天内上传的视频总量就足够一个人花一生的时间看完，这也从侧面印证了 YouTube 视频数据库的庞大。也正因为具有极高的内容包容度，YouTube 覆盖了远广于 Netflix（美国奈飞公司，简称“网飞”）的用户群，生产了更丰富的细分垂类内容。

（图片来源：CGP Grey YouTube 频道）

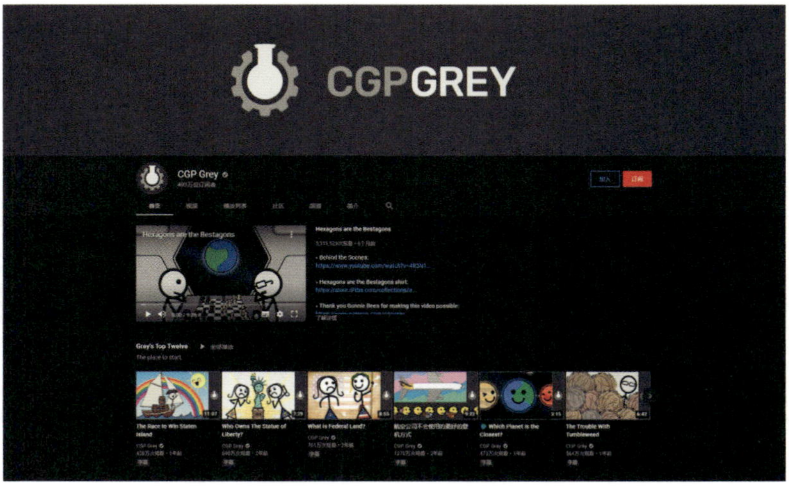

MCN 机构：从舶来品到本土短视频的中坚力量

随着 YouTube 的发展，MCN（Multi-Channel Network，多频道网络）机构应运而生。MCN 机构最初是 YouTube 上的频道集成服务商，一边对接视频创作者，另一边对接 YouTube 平台，本质上是内容创作者和平台之间的中介机构，其运行机制类似于经纪公司。最初，MCN 机构不参与内容创作，只是将内容创作者聚合起来，建立频道并进行运营变现，最后按一定比例和创作者分成。

2012 年起，随着自媒体账号的增多以及网红经济的发展，国内企业开始借鉴国外的 MCN 模式，国内也出现了 MCN 机构。但与美国的 MCN 机构依托于视频平台不同，国内的 MCN 机构起步于微博等社交平台，大部分由广告营销公司转型而来，也有少部分由自媒体自行成立。在起步阶段，国内的 MCN 机构发展缓慢。

有别于国外 MCN 机构以提供服务为主，通常很少参与内容生产，国内的 MCN 机构大都是从组织内容生产开始介入，深度参与内容生产。随着快手、抖音等短视频平台的出现与普及，国内的 MCN 机构依托的平台更加多元，正式迎来发展拐点，数量从 2015 年的 160 家增加至 2018 年的 5000 多家。直播行业的高速成长让国内的 MCN 机构寻求到一个内容变现的最佳途径。从 2019 年开始，直播带货成为风口，当海外大批 MCN 机构陷入商业化瓶颈而出现发展停滞甚至下降的趋势时，国内的 MCN 机构却迎来爆发增长期。2020 年，国内的 MCN 机构数量超过了 21000 家。

国外视频领域的发展催生了 MCN 机构，而国内短视频行业的发展使国内的 MCN 机构乘着浪潮直达风口，因此，通过 MCN 机构可以洞悉海内外短视频发展的历史：美国、英国等地的视频内容创作者在 YouTube 成立之初就开设了账号，日本、韩国的内容创作者从 2010 年起广泛入驻短视频平台，而中国的短视频行业是后起之秀，虽起步时间较晚，但在专业 MCN 机构的商业化运营下，自 2016 年起开始快速发展。如果没有微博，那么中央戏剧学院导演系毕业的姜逸磊也许会成为一名导演，而不是我们现在所熟知的 papi 酱；如果没有 B 站，那么“硬核的半佛仙人”也许会从事与文字创作相关的工作，而不会成为拥有 580 万粉丝的知名 UP 主；如果没有抖音，那么邵雨轩和张小花可能只是生活里的素人，而不是抖音的头部达人“疯产姐妹”。随着时间推移，短视频的出现和发展将会改变很多内容创作者的生命轨迹，也将会改变许多用户的生活方式。任何人只要有一部能够拍摄视频的智能手机，就能记录自己的生活，分享并得到他人的回应。对内容创作者而言，短视频是表达的媒介，而对观看者而言，短视频则提供了消遣和娱乐的功能。从数据层面来看，根据 2021 年 6 月发布的《2021 中国网络视听发展研究报告》，截至 2020 年 12 月，我国网络视听用户规模达 9.44 亿，其中短视频用户规模达 8.73 亿，占比约 90%，显然，短视频已经成为中国互联网的底层应用。

短视频，走出去

在短视频行业快速发展的过程中，中国的 MCN 机构已经形成在国内培养优秀的短视频内容创作者，再将其推向 YouTube 、Facebook 等海外平台的运营模式，抖音、快手等短视频平台也陆续推出海外版，抢占国际市场。

国内短视频的“出海”，推动了中国传统文化“走出去”。2021 年 2 月 2 日，李子柒以 1410 万的 YouTube 订阅量，刷新了由其创下的“YouTube 中文频道最多订阅量”的吉尼斯世界纪录。这个身穿素净麻布衣裳、背着竹篓行走在田野的姑娘，摘下茶树的叶芽制成茶叶，在闲暇中自酿佳茗，在春节时给家里挂上喜庆的红灯笼……她用短视频还原了中国古代“采菊东篱下，悠然见南山”的诗意，传递出中国灿烂悠久的传统文化与劳动人民的生活智慧。

李子柒的短视频让国外了解到中国田园生活“晨兴理荒秽，带月荷锄归”的岁月静好，而“滇西小哥”的短视频则让世界迷上了云南。“滇西小哥”在 YouTube 上拥有 754 万粉丝。其实，“滇西小哥”并不是“小哥”，而是云南保山的一位姑娘。她的短视频介绍了云南少数民族独特的饮食结构和美食制作方法，视频最后常出现的家人围坐一桌吃饭的温馨场景也展现了中国传统的家庭伦理观念。YouTube 上，拥有 994 万粉丝的“办公室小野”在办公室变着花样制作美食，拥有 143 万粉丝的“阿木爷爷”用一双巧手展现中国神奇的古法工艺，和李子柒、“滇西小哥”一样，他们都是中国短视频成功“出海”的典型案例。中国的传统文化及其精神面貌在他们身上得到了具象呈现，这不仅减少了海外观众对外来文化的抵触，也让互联网的国际交流有了具体的对象，使中华文化在自发的民间交流中得到传播。中华文化，正以短视频为媒介走向世界。

（图片来源：李子柒 YouTube 频道）

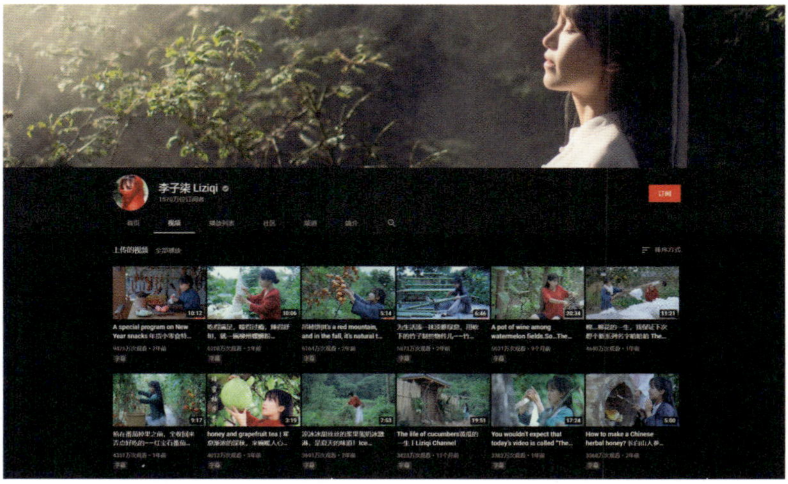

THE ROLE OF SHORT VIDEOS IN LIFE

短视频在生活中扮演的角色

撰 稿 / 纱词苏 程晓玲
特约插画 / 洪草

蕾蒙·威廉斯曾说过，

一个年代的文化，

是那个年代社会生活、社会要素关系的总描述，

“文化是一整套生活方式”。

而媒介的选择，

正是每一代人文化需求和生活方式的直观体现。

在短视频已经成为互联网底层应用的当下，

我们日常生活的每个角落都已被短视频悄无声息地渗入。

我们将通过与用户的对话，

一窥短视频是如何成为当代人的一种生活方式的。

闲暇的消遣：窥探最大众的娱乐内容

瑶瑶——30岁，某投资公司副总裁

[玩梗]我感兴趣的短视频，玩梗算一类，必须马上get❶到最新流行的梗，不然就有种落后感。年初的时候，流行“深圳女孩”这个梗，对此我还是挺感同身受的。但凡我参加过的闺蜜局，都很少有闲聊的，都是在聊搞钱、买房、养老。这才是我们女人对待生活该有的样子。

Bill——28岁，程序员

[BGM]下班路上打开短视频，一定会蹦出各种熟悉的BGM❷，这是我回归生活的环境音。我能随口哼出来的？“没来得及说抱歉，你已经不在身边，我却彻夜想念……”还有一首踩点的：“我对你又何止是执迷不悟，所有的纪念日记得清楚……”这些音乐是真的上头。

珍妮——24岁，自由摄影师

[名人]吃瓜一线不能没有我。最喜欢磕CP❸糖了，抖音有专门的磕糖❹账号，去年最好磕的是“加饭姐弟”贾玲和范丞丞，还有号称“人间唢呐”的金靖和李佳琦，越看越有味的马伯骞和辣目洋子……多么“可可爱爱”的欢乐。

吴虑——21岁，待业中

[萌宠]刷得最多的就是萌宠视频，比如我关注的达人“丁香色边牧格林”会把麦克风直接夹在她家狗狗的饭盆上，不用配乐，就听它咀嚼，这种“干饭”短视频让人相当有沉浸感。看狗子津津有味地吃一顿，咋就这么治愈呢？是不是我过得太苦了？

短视频满足了大众在碎片时间里的娱乐需求，成为大多数人消遣的工具。打开短视频App，进入互联网世界，可以短暂逃避现实生活带来的压力和负担，使情绪得到释放。无论是抖音还是快手，每天都有上千万条短视频上传，玩梗、音乐、萌宠、颜值……大众有兴趣的内容都可以在短视频平台里看到。而大众最关心的话题会迅速传播，被更多用户看到，滚雪球一般涌向资讯的前沿，因此，打开短视频平台，总能窥探到最大众的娱乐内容。

❶ get：网络流行语，获得、领会的意思。
❷ BGM：背景音乐。
❸ CP：人物配对关系。
❹ 嗑糖：网络流行语，意为粉丝们喜欢关于偶像的某件事情并因此而感到甜蜜，如吃糖一般。

84.7w
2870.5w
7391

新奇的互动体验：互联网传递的社交温度

钱多多 —— 20 岁，大学生

[备受关注] 我发布过一条模仿班主任的视频，由于视频太长，还是分成 2 集发的，3 天点赞量 20 多万，我都惊呆了。好多人关注我，跟我私聊，也跟我分享了他们的上学趣闻，后来还有不少人加了我的微信，甚至还有异性跟我表白。短视频让我终于有了“高光时刻”。

繁花 —— 27 岁，二胎宝妈

[情感共鸣] 从生头胎至今，我都没再工作。短视频在我的生活里，就是与外面世界的连接。刷得最多的视频是关于情感剖析和婆媳关系的。我深受重男轻女思想的侵蚀，从来不知道会有人敢直接抨击男权，维护女孩子。当我在评论区留言时，很多人都在鼓励我，说要让自己活得有价值。

铁柱 —— 35 岁，企业品宣

[业务交流] 干品宣的人，其实也挺烦品宣工作的，分不清工作跟生活的界限。看到有意思的短视频，总是想跟同行讨论一下。平台私聊减少了外链的麻烦，转发或者评论都可以直接跟互关的朋友交流，一方面可以吐槽解压，另一方面也可以帮助业务进步吧。

柠檬靖 —— 25 岁， 产品研发

[直播] 成年人的社交，大多数时候需要戴一下社交面具，但在直播间里就不需要。平时逛的直播间不少，觉得有的直播间很好玩，主播本人说自己的话题，评论区里滚动的完全是另一个话题，画风很是搞怪，让人感觉很轻松。

对于内容创作者而言，短视频就是其表达自我的媒介，而那些非达人级别的用户发短视频也无非是记录和分享生活，当发出的声音有了回应，那便是互联网传递来的社交温度。当大量用户都集聚在一个平台时，互动就会自然产生，由此衍生出了直播这种强互动的交流模式。短视频平台就像互联网中一个拥有很多舞台的大广场，舞台上的达人不时和台下的人们互动，而舞台下的人们也会三三两两聊着各自的话题，给人们带来一种新奇的社交体验。

购物平台：从心动到下单，一气呵成

晓路 —— 26 岁，艺术总监

[注重体验] 我在抖音上购物 2 年了。以前都是点击链接再跳转到淘宝上，如今在抖店里就能直接完成下单。第一感觉就是方便快捷。喝饮料、吃零食、买抽纸，这些都是小型日常消费。反正我是认品牌和品质的，谁家平台的购物体验更好我就选谁。

小美 —— 22 岁，演员

[名人效应] 我买过最划算的东西是在周扬青的直播间买的 4 套包饮料、小食的电影票，限时范围也算合理，不会浪费。其实电影票哪里都能买到，不过看名人直播这么有意思，还能顺带买到实惠的东西，心里暗爽啊。

影子 —— 27 岁，人力资源业务合作伙伴

[考究派] 我挺讲究生活品质的，日常用品必须好用、充足。你看我的抖音订单，品类各种各样，价格也确实实惠。应该是我常常下单的缘故，平台向我推送的好物推荐类博主也变得多了起来，不知不觉间好像就有了更多的购物需求。这些合“心水”的东西都是悦己的生活点滴。

佳丽 —— 23 岁，产品运营

[少点试错] 我们女生永远都缺化妆品的嘛。最近在骆王宇的直播间买了卸妆油和面膜。跟着美妆博主买东西，主要就是为了减少试错成本啊。我也不囤货，即买即用。最近还在关注直播间的旅游套餐，一旦有实惠的马上“秒杀”，因为合适的旅游套餐比合适的化妆品更难找。

目前短视频平台的电商生态已建设完善，其销售的产品基本上都有严格的质量把关流程。而由于流量优势，短视频平台有着较强的议价能力，能获取更优惠的价格，因此用户能用低于线下门店或传统电商平台的价格买到一样的产品。短视频平台的强社区属性也会让购物这个过程变得更加有趣，有时候用户在刷短视频时并没有购物的想法，但达人对产品的推荐激发了他的购买欲，而抖店、直播购买链接等让“心动”可立刻变为“行动”，从想买到下单，一气呵成。

信息资料库：
更有趣的知识获取途径

魏审摩 —— 32 岁，报关员

[主流消息] 不知道从什么时候起，抖音取代了其他新闻客户端，政务号发布的消息会第一时间送到眼前。想要深入了解个别消息的源头时，才会去新闻客户端。政务“爱豆”也值得追啊，比如“共和国之光”钟南山院士、“外交部女神”华春莹。

嘉辰 —— 22 岁，创业者

[家装攻略] 毕竟跟长辈们的审美不同，我想掌握房屋装修风格的话语权。感谢网友们上传的家装攻略，有关于避“坑”的，有关于改装技巧的，有关于材料性价比的，还有关于软装搭配的，详细到令人感动。收藏了很多视频，必要时就分享到家族群，大家一起讨论，很有参考价值。

子昂 —— 21 岁，毕业生

[科普助手] 我从小就是个“好奇宝宝”，啥都要问“为什么”。短视频看科普不要太方便！我关注的号有“摩登大自然”“宇宙视界”“发兔冷知识”……看得多了还觉得自己挺有文化的。其实，碎片化的知识也是有用的知识，如果有非常感兴趣或者有必要系统学习的，再进一步找资料呗。

楠楠 —— 24 岁，小学老师

[备考资料] 每一个认真备考过教师资格考试的朋友，应该都是各大 App 齐上阵，狂刷知识点的。B 站和抖音上有各路大神，统统关注了。在非专业学习平台刷视频学习，还有种“劳逸结合”的错觉，仿佛没那么大压力了。

视频的动态视觉效果使其无论呈现哪一方面的内容，都会比文字更加生动形象，因此，利用视频无疑能让学习的过程变得更加有趣。B 站董事长兼 CEO 陈睿在 B 站成立 12 周年演讲里讲道：“在未来，所有记录在书本上的知识都会被视频重新演绎一遍。”就这个层面而言，短视频很适合传播碎片化的资讯和知识，也很适合传达需要呈现画面效果的内容。人的求知欲是永远存在的，而互联网中从来不缺新鲜内容，能不能抓住流量、读懂用户潜在需求才是王道。

CHAPTER TWO

第二章　创作环境

MCN（Multi-Chanel Network）机构是达人重要的内容孵化与商业化模式开发阵地。相关数据表明，国内 90% 的头部达人签约了 MCN 机构或自建了 MCN 公司。MCN 机构同时也承担了帮助达人探索商业模式的责任，放眼望去，国内如雨后春笋般出现的上万家 MCN 机构显示出这个行业充满活力，也显示出短视频行业真正具备了规模，在商业上走向了成熟。

从众多的 MCN 机构名单中，我们发现，整个创作环境的发展离不开数据平台所搭建的沟通桥梁，而新榜则是其中重要

KWAI TOP MCN LIST IN THE FIRST HALF OF 2021

2021 年上半年快手头部 MCN 机构榜

数据来源：

快手官方发布的各月度 MCN 机构榜单（2021 年 1—6 月）。

维度：

榜单综合指数根据发布作品、播放、互动等多维度综合计算产生。

登榜次数：6 次

MCN 机构	综合指数
古麦嘉禾	100
神狼文化	97.97
无忧传媒	95.05
丁丁文化	92.78
最美妆	91.94
大禹	91.32
星辰互娱	91.305
伍喵视频	91.11
遥望	89.58
门牙视频	88.62
五月美妆	88.48
papitube	87.05

登榜次数：5 次

MCN 机构	综合指数
麦芽传媒	92.796
蛙酷传媒	92.72
星拓传媒	88.996
风正时光	88.096
奇迹山	87.7
西西里	87.42
先飞传媒	87.416
嘉尚传媒	87.284
乾派文化	87.054

登榜次数：4 次

MCN 机构	综合指数
渝欣传媒	89.64
圆宵	89.01
美哒文化	88.075
杠上开花	86.4125
sodatube	85.415
知行易达文化	85.2675

登榜次数：3 次

MCN 机构	综合指数
新动传媒	89.08
炫通	88.34
旗鱼跃动	83.16

登榜次数：2 次

MCN 机构	综合指数
御今文化	89.675
新偶文化	86.945
湖南经视	85.78
热度传媒	84.55
嘿范	84.52
有好戏	83.545
游良传媒	83.075
震惊文化	82.2
米读小说	81.6

登榜次数：1 次

MCN 机构	综合指数
比格熊动漫	91.2
触摸文化	83.2
纯初文化	89.77
合乐文化	89.21
快鱼文化传媒	81.9
联萌文化	87.92
摩都时尚	88.69
往来文化	83.8
永恒传媒	91.13
有树文化	86.3
掌上风暴	89.67
芝士文化传媒	84.2

TIKTOK TOP MCN LIST IN THE FIRST HALF OF 2021

2021 年上半年抖音头部 MCN 机构榜

数据来源：

抖音官方发布的各月度 MCN 机构榜单（2021 年 1—6 月）。

维度：

榜单综合指数根据发布作品、播放、互动等多维度综合计算产生。

登榜次数：6 次

MCN 机构	综合指数	MCN 机构	综合指数
无忧传媒	100	热度传媒	87.37
趣星传媒	97.13	联萌传媒	86.07
嘉尚传媒	95.12	众灿互动	85.85
奇光	93.03	看看世界	85.78
芒果 MCN	92.93	二咖传媒	85.35
构美	92.37	畅玩文化	85.08
OST 娱乐	91.65	白兔视频	83.98
华星璀璨	91.25	大禹	83.63
愿景娱乐	88.7	淘秀光影	83.3
古麦嘉禾	87.87	蛙酷传媒	81.7

登榜次数：5 次

MCN 机构	综合指数
papitube	84.96
创星联盟	84.24
贝壳视频	83.54
头条易	82.66
华星酷娱	81.84

登榜次数：4 次

MCN 机构	综合指数
煎饼文娱	86.2
乾派文化	84
纯初文化	81.075

登榜次数：3 次

MCN 机构	综合指数
南方健康	84.57
果冻创意	84.13
时光娱乐	80.57

登榜次数：2 次

MCN 机构	综合指数
南阳正恒	87.8
圆宵文化	86.6

登榜次数：1 次

MCN 机构	综合指数
赤度娱乐	81.3
门牙视频	80.8
稳赢传媒	80.5
御今文化	85.1
剧星文化	83.5
新偶文化	82.8
渝欣传媒	91.8
游良文化	90.6
13media	85.4
马兰花开	83.4

2021 年行业新闻大事件

INDUSTRY EVENTS 2021

国家（杭州）短视频基地项目正式开工　4.30

（图片来源：央广网）

中央广播电视总台与浙江省人民政府共同打造的国家（杭州）短视频基地项目正式开工。下一步杭州将统筹推进基地建设与业态布局，积极构建全国短视频公共服务、交互式数字影像体验、动漫短视频全产业链生态等平台，做强新技术新业态研发应用、产业园区运营支撑服务，打造面向国际、亚洲领先、国内一流的主流视听新媒体高地。

：国家队出马，未来可期呀！

商务部：“双品网购节”全网零售额近 7000 亿元　5.12

为期 15 天的“双品网购节”于 5 月 12 日落幕，据商务大数据监测显示，此次“双品网购节”带动全国网络零售额达 6928 亿元，同比增长 26.7%。其中，国产品牌网络零售额占比达 73.8%，老字号品牌销售额同比增长 33.5%。智能产品、定制产品、健康产品等品质升级类商品的销售呈明显增长态势。在线服务消费强势恢复。在线餐饮销售额同比增长 51.1%，其中，到店餐饮在线销售额同比增长 2 倍，在线旅游销售额同比增长 3.3 倍，私家团游、亲子游、红色游等高品质出游成发展趋势。“双品网购节”是商务部会同国家邮政局、中国消费者协会，组织主要电商平台和邮政快递企业，以倡导品牌消费、品质消费为目标开展的活动，于 2019 年 4 月底举办首届活动。

：据了解，这届网购节的好评率超 97% 哦。

蘑菇街全新业务形态“短播”面世　5.9

（图片来源：蘑菇街

蘑菇街发布全新业务形态“短播”。据蘑菇街创始人兼 CEO 陈琪介绍，短播源于蘑菇街 2020 年 10 月推出的切片业务。据了解，之前的切片业务，是将主播的商品讲解视频放到首页，而短播业务则将商品讲解视频与电商系统中的搜索引擎打通，在平台公域流量池通过个性化算法推荐，让优质的商品讲解视频脱颖而出。

：莫名有些熟悉，这难道是升级版导购视频？

薇娅夫妇登 2021 年“新财富 500 富人榜” 5.13

2021 年“新财富 500 富人榜”发布，淘宝电商主播黄薇（薇娅）及其丈夫董海峰以 90 亿元财富成功登榜。有报道称，从销售额看，A 股 4200 余家上市公司中，2020 年营收超过薇娅带货金额的不足 300 家。公开数据显示，2018 年，薇娅的带货金额达到 27 亿元；2019 年，薇娅曾在接受采访时表示当年带货金额超过百亿元；2020 年，薇娅一年的带货金额就达到了 311 亿元。

VT：行业热风刮过，电商主播正在被主流看到。

福布斯发布 2021 年“全球企业 2000 强”，快手首次入榜 5.13

福布斯发布第 19 期“全球企业 2000 强”（Global 2000）。榜单依据销售额、利润、资产、市值这四大衡量标准，每年评选出全球规模最大、市值最高的 2000 家上市公司。榜单前 5 名略有变化。中国工商银行连续 9 年登顶榜首。摩根大通前进一位来到第 2 名。伯克希尔 · 哈撒韦从 2020 年的第四名升至第 3 名。去年的榜眼中国建设银行滑落两位至第 4 名。沙特阿美保持在第 5 名的位置。值得注意的是，快手首次进入该榜单，位列第 1125 位。华为和字节跳动由于没有上市，因此不计入榜单。

VT：如果字节跳动上市……

快手电商下架 12 个手机品牌 6.2

2 日，快手电商发布公告，宣布下架朵唯（Doov）、糖果（SUGAR）、酷比（koobee）、索爱（soaiy）、柔宇（ROYOLE）、天语（K-Touch）、守护宝、中兴（ZTE）、雅迪鑫、欧沃、酷派（Coolpad）、纽曼（Newman）12 个手机品牌。其中，朵唯品牌商品已全部下架，并永不招商。据悉，此前数码博主“科技小辛”发布了一条视频，称在快手主播“驴嫂平荣”直播间购买的朵唯 12 Pro 不仅为山寨手机，且配置存在问题。5 月 28 日，快手小店官方发布公告称，快手电商永久清退朵唯所有产品，涉事企业永不合作。

VT：电商崛起给了不少手机品牌重生的机会，但管理仍是大问题。也要小心别误伤“友军”了。

YY 直播与百度 App 一同举办首届“66 直播节” 6.2

YY 直播宣布将联合百度 App 举办首届“66 直播节”，6 月 6 ~ 26 日，连续 21 天每晚 8 时推出包括明星直播、网红献唱、主播庆典、创新综艺等在内的直播内容，并推出多重玩法和用户礼包，打造首个属于直播行业的超级节日 IP。

VT：电商造节、直播造节，各个行业都在造节，观众是否麻木了？

快手灰度测试同城团购 5.13

近日，快手正在灰度测试同城团购功能，首页“同城”页面上端新增了本地餐饮服务专区，分为“特惠团购”“榜单推荐”“超赞福利”三大板块。短视频巨头纷纷入局本地生活领域。去年 11 月，字节跳动商业化部门新增本地直营业务中心，抖音也陆续上线团购、商户榜单等产品。

VT：本地生活是个好生意，下沉用户颇多的快手入局能否改变战况？

企查查：今年前 5 月我国新注册直播电商相关企业 6092 家　6.3

企查查数据显示，目前我国共有 1.7 万家直播电商相关企业。2020 年，相关企业新注册 6939 家，同比增长 348%，今年前 5 月新注册 6092 家，同比增长 325%。从地区分布来看，目前，广东省直播电商相关企业数量最多，共有 3217 家，浙江、山东分别以 2645 家、1725 家排名第二、第三位。

：这增长率！直播电商的火热难挡。

抖音流量首次可分成：西瓜视频与抖音公布中“视频伙伴计划”　6.8

西瓜视频联合抖音、今日头条共同发起“中视频伙伴计划”，这也是抖音首次开通流量分成。加入计划后，创作者创作的内容可同步分发到抖音、今日头条和西瓜视频上，可获得 3 个平台的流量收益。

：流量和变现永远是吸引创作者的利器。

抖音新增电脑网页版：支持点赞、看评论和发视频　6.21

抖音电脑网页版上线，支持点赞、看评论、发视频。据悉，抖音网页版整体比较简单，首页顶部提供了搜索功能，可以搜索视频和用户，此外还提供了“全部”“直播”“娱乐”“知识”“二次元”“游戏”“美食”“体育”“时尚”“音乐”标签，标签下方就是一个个视频，几乎再没有其他元素。在视频播放页面，支持点赞视频和查看评论，但目前并不能发表评论。此外，支持验证码登录、扫码登录，不支持通过密码登录，登录后可以查看自己的作品、喜欢的视频。

：从 App 到网页，文艺复兴？

中国网络视听大会　6.3

· 优酷 CEO：呼吁“全社会要像打击酒驾一样打击侵权”，并提出建立短视频“先授权再使用”的行业规则。

· B 站 CEO 陈睿：B 站泛知识内容播放占比达 45%。

· 爱奇艺 CEO：二创是什么？是用没授权的东西，加上自己的东西，掩盖盗版的本质。

· 腾讯副总裁：个性化分发太厉害了，你喜欢猪食看到的就全是猪食，没别的了。

：行业大佬们打起架来才直接。

商务部回应美方撤销对 TikTok、微信等中国应用程序的有关行政令　6.10

在商务部举行的例行发布会上，针对美方撤销对 TikTok、微信等中国应用程序的有关行政令一事，商务部新闻发言人高峰表示：我们注意到美方撤销了上届政府针对 TikTok、微信等中国应用程序的有关行政令，这是朝着正确方向迈出的积极一步。但我们也注意到，美方同时要求对外国应用程序的安全风险进行审查，而且美国外国投资委员会仍在对 TikTok 进行审查。我们希望美方公平公正地对待中国企业，避免将经贸问题政治化。

：吃一堑长一智，不知经历此次危机后，TikTok 等中国应用程序是否有了预案？

百度新增“搜索电商节”，同步升级“品牌新官网”　6.17

（图片来源：百度）

百度正式上线“搜索电商节”。据官方介绍，用户可通过百度 App 搜索活动商品和品牌关键字进入会场。此外，活动期间，百度还对“品牌新官网”进行同步升级。

：如今还有多少人在用浏览器搜索？

快手 CEO 宿华：快手全球月活已达 10 亿　6.23

快手与中央广播电视总台在北京举办联合发布会，宣布双方达成 2020 年东京奥运会及 2022 年北京冬奥会赛事转播短视频战略合作，快手正式成为 2020 年东京奥运会及 2022 年北京冬奥会持权转播商。会上，快手 CEO 宿华透露，快手全球月活跃用户数达到 10 亿 。

：快手要“出海”淘金，10亿月活可装不下平台的雄心。

抖音内测新外卖业务　7.14

抖音于近期成立了一个针对外卖业务的团队，并在抖音 App 内开展了测试。目前，抖音的外卖业务名为“心动外卖”，其 slogan 为“心动外卖，吃你所爱”。据消息人士透露，“心动外卖”大概率会邀请抖音内的餐饮商家入驻，由商家自主提供配送服务，也不排除成为一个聚合模式的外卖平台，和饿了么或美团进行外卖业务导流合作。

：大厂大战已经延伸到本地服务了……

鸿星尔克品牌官方旗舰店淘宝直播销售额破亿元　7.26

（图片来源：飞瓜数据）

据悉，23 ~ 24 日，鸿星尔克品牌官方旗舰店淘宝直播间销售额突破 1 亿元，总销量 64.5 万件，直播间观看人次近 3000 万，目前直播间粉丝数 1209 万。

：民族企业爱人民，反之亦然。

抖音直播即日起重点治理诱导未成年用户充值打赏违规行为　6.29

（图片来源：抖音）

抖音在其官方头条号“抖音黑板报”发布消息称，为加强未成年人正向引导、保护未成年群体权益，抖音直播即日起开展针对“诱导未成年用户充值打赏”违规行为的重点治理，进一步加大对诱导未成年人用户进行充值打赏行为的处置力度。对于违规用户，将视情节严重程度给予相应处罚，情节严重者，将予以账号永久封禁处理。

：一声“谢谢大哥”，结果发现“大哥”未成年。

中央网信办：严禁 16 岁以下未成年人出镜直播　7.22

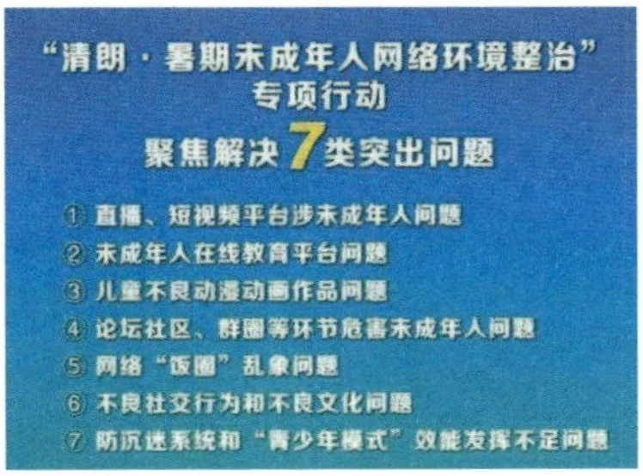

（图片来源：中央网信办）

中央网信办决定自 21 日起启动“清朗·暑期未成年人网络环境整治”专项行动，严禁 16 岁以下未成年人出镜直播，严肃查处炒作“网红儿童”行为，禁止诱导未成年人打赏行为，防止炫富拜金、奢靡享乐、卖惨“审丑”等现象对未成年人形成不良导向。

：在该学习的年纪好好学习。

短视频与直播数据榜单

粉丝飙升榜

抖音号名称	总指数
人民日报	100.00
央视新闻	99.29
刘德华	94.61
唐艺	91.90
朱两只吖	91.76
辽宁广播电视台辽宁之声	91.32
八戒说车	91.09
鸿星尔克品牌官方旗舰	90.98
阿三解说	90.96
陶白白 Sensei	90.85
余生 .clip☁	90.84
千禾影剪	90.74

粉丝活跃榜

抖音号名称	总指数
人民日报	100.00
央视新闻	96.76
小影娱乐	94.08
人民网	93.76
大象新闻	93.75
四川观察	93.02
九派新闻	92.94
张国伟 _ 国家伟大	92.83
PP 体育	92.79
湖南娱乐	92.35
楚天交通广播	92.26
新华每日电讯	92.20

主播带货榜

抖音号名称	总指数
朱梓骁	97.96
罗永浩	97.16
董先生珠宝	96
彩虹夫妇	95.35
戚薇	95.06
我是张凯毅	94.43
金爱罗夫妇	94.32
张庭	94.12
陈三废 gg	93.39
邱莹莹服饰	93.34
子安	93.11
大狼狗郑建鹏 & 言真夫妇	92.96

榜单规则：
根据 6 月 25 日至 7 月 25 日新抖提供的抖音主播粉丝增长量以及全平台粉丝量综合得出。

榜单规则：
根据新抖提供的达人总获赞数以及 6 月 25 日至 7 月 25 日新增获赞数综合得出。

榜单规则：
根据 6 月 25 日至 7 月 25 日新抖提供的达人带货销售额、销售场次等综合得出。

全网直播平台主播礼物月榜

主播	平台	总指数
华矩囧囧丸	YY	100
才艺舞娘	快手	97.83
二晨情感连麦	快手	97.68
王冕	YY	97.15
951 文儿	YY	96.89

统计时间：2021 年 6 月 26 日至 7 月 25 日
数据来源：头榜

全网直播平台主播人气月榜

主播	平台	总指数
张大仙	虎牙	100
旭旭宝宝	斗鱼	96.36
狂鸟·楚河	虎牙	94.18
卡尔	虎牙	93.31
DK- 不求人	虎牙	93.29

统计时间：2021 年 6 月 26 日至 7 月 25 日
数据来源：头榜

全网直播平台主播弹幕月榜

主播	平台	总指数
狂鸟·剑圣 -90327	虎牙	100
张大仙	虎牙	98.05
颜色 - 帅比在石 250	虎牙	95.55
至上网络科技有限公司	快手	94.77
久爱 - 预见【吕德华】	虎牙	94.64

统计时间：2021 年 6 月 26 日至 7 月 25 日
数据来源：头榜

MCN COMPANY FANCY OPERATION APPRECIATION

MCN 公司花式运营大赏

编辑 / 叶知秋 曾茜 程晓玲

近年来持续火热的短视频行业不断推动互联网内容平台发展壮大，也让广告营销机构和直播电商看到了更加简单粗暴的变现模式。截至 2020 年底，国内已经有 28000 家 MCN 机构“前赴后继”，然而，短视频 MCN 沉没成本高、流量高度依赖平台，没有一家机构可以轻轻松松成功。

这其中的一方面原因是以抖音为代表的短视频平台越来越成为新的流量聚集地，各 MCN 机构的运营模式不尽相同；另一方面原因是一些 MCN 机构在微博、微信、小红书等平台也有着不可撼动的地位。挖掘内容还是创新形式？本土角度还是跨文化视野？联动明星还是孵化素人？深耕“双微”还是转战短视频平台？这些脱颖而出的 MCN 机构可谓把运营的艺术发挥到了极致。

参考报告：

克劳锐：《2020 中国 MCN 行业发展研究白皮书》。

注：数据统计截至 2021 年 8 月。

遥望网络——盘活母公司的电商 MCN 机构

遥望网络是互联网老玩家了——运营过游戏公会业务，转型后从事互联网广告分发；曾在 2015 年底挂牌新三板，后退市，之后站在风口，向短视频电商进军。2018 年底，遥望网络被上市公司星期六并购。在随后的一年里，遥望网络乘着直播在短视频平台起飞的东风突飞猛进，连续 5 个月位居快手 MCN 机构榜第一名。在短视频电商崛起的 2020 年，遥望网络的业务重心也随之转移。

事实证明，对于行业趋势发展有着独到把握的遥望网络当得起星期六的青睐与期待，被并购的第二年，它就以一己之力拉动了母公司的业绩数据。

能拉动连续多年走下坡路的母公司的业绩数据，遥望网络本身的业务能力毋庸置疑。自布局直播领域开始，遥望网络的定位与发展方向就十分清晰。遥望网络签约王耀庆、王祖蓝、张柏芝等国民认知度较高的明星主播，孵化及签约达人“瑜大公子”、李卓宣等，前者帮助公司打开了知名度，拓展了合作市场，后者则形成了集群化效应，同时打通了上下游供应链。经过如此一番布局，深耕快手的遥望网络在 2020 年的“双十一”完成了超过 13 亿元的 GMV（网站成交金额），其中，机构头部主播“瑜大公子”通过 14 小时不间断直播，以 3.68 亿元的 GMV 刷新个人单场销售纪录。遥望网络在电商板块加速起飞，在内容板块也不曾落下，尝试拍摄短剧，其签约的快手“原生”达人“尬演七段”“乃提 Guli”等从一众达人中脱颖而出。

代表达人：尬演七段、乃提 Guli、瑜大公子。

古麦嘉禾——多平台开花的“爆款制造机”

虽然看起来是在 2018 年才“横空出世”，但实际上古麦嘉禾并非新手。以公众号起家的古麦嘉禾，在还流行美拍、秒拍的小视频时代就已经开始了短视频的内容创作，2018 年短视频行业大爆发，古麦嘉禾成功转型为 MCN 机构。

作为内容老玩家，在短视频竞争中，古麦嘉禾以剧情取胜。“破产姐弟”“名侦探小宇”“他是子豪”等众多剧情类账号被孵化，一条视频涨粉百万、播放量破千万的行业“小目标”在古麦嘉禾创作团队的手里得到实现。内容创作能被不同平台的用户认可，是古麦嘉禾的巨大优势。在平台个性鲜明、用户群体差异化较大的 2019 年，古麦嘉禾多次进入抖音与快手 MCN 机构月度榜单的前三名，成为两大平台的头部 MCN 机构。

崛起的背后，是不断试错的过程。古麦嘉禾实行编导责任制，编导作为整个团队的灵魂，要确保输出内容的质量。不过，即使是行业“老兵”，要想把握用户口味，也需要经过多次尝试。作品要让观众有代入感，符合观众的价值观，引起共鸣，是团队经过多次试错总结得出的经验。即使掌握了这个诀窍，孵化账号仍需要经过大量尝试、复盘与调整，通常需要用 10 个孵化账号来“献祭”，才能打磨出一个不错的 IP。正是这样一个过程锤炼了团队的“网感”，使其十分了解用户的喜好，而这也是古麦嘉禾能持续在两大平台“霸榜”的关键。

代表达人：破产姐弟、喵小兔漫画（画师七七）、城七日记。

渝欣文化 ——游戏陪玩造出的头部 MCN 机构

2018 年，短视频行业崛起，作为行业一大重要组成部分，MCN 机构的数量也在这一年呈井喷式增长，渝欣文化正是在这样的热潮中成立的。有别于其他 MCN 机构，渝欣文化的业务以游戏垂类为主。但国内的游戏 MCN 机构其实也并不少见，渝欣文化的特别之处是与游戏陪练平台比心深度绑定，挖掘游戏大神，将其打造成平台新网红。大多数 MCN 机构旗下的红人们通过广告、电商变现，而渝欣文化的红人们却另辟蹊径。林颜、“狗子队长”等头部红人在抖音等平台的个人简介中注明了“只玩比心”，直接将人气流量转化至私域，再通过陪练等业务变现。这一模式逐渐成为渝欣文化的独特记号。不过，随着比心 App 因存在多个账号利用低俗、软色情信息诱导未成年人参与陪玩、诱导玩家用户下单等问题而被网信办等部门约谈，平台方表示将永久性关闭涉及“陪玩”的功能。比心这一功能的关闭，或将对渝欣文化目前的业务结构产生影响。好在渝欣文化由游戏垂类起家，却又不满足于此，已经试水泛娱乐的红人内容打造。因此仍有角逐行业头部的潜力。

代表达人：林颜、狗子队长、草莓果冻。

青藤文化 ——向上拓展的 B 站头部 MCN 机构

与很多“玩”出来的 MCN 机构不同，在视频创作领域，青藤文化是专业的。曾参与迪士尼导演带队的短片项目的创始人，以及中国传媒大学出身的主创团队，都把“专业”两个字刻在青藤文化的 DNA 里。团队最开始也是靠着专业制作能力开启在视频行业的征程。

在视频平台开始做 PGC（专业生产内容）的 2014 年，青藤文化也意识到了行业的发展趋势，决定转型做原创内容生产公司，并推出《凹凸君》等系列原创节目。经过 2 年多的发展，青藤文化推出的短视频在 2016 年底的总点击量超过 15 亿次，收入也超过了 2000 万元。之后，内容、团队均已颇为成熟的青藤文化决定“粮草先行”，挂牌新三板，并接受了 3500 万元的融资。再之后，青藤文化开始了一系列布局，各项业务全面开花。

在创作短视频内容的同时，青藤文化也向上拓展泛娱乐综艺，为培养的达人提供上升通道。如与腾讯视频联合出品了一档 S 级综艺节目《恕我直言》；在选秀网络综艺大热之时顺势推出旗下达人“鹿小草”参加《创造 101》，得到了更多的曝光机会。至 2019 年，青藤文化累计签约和孵化超过 100 位红人，全网粉丝量近 8000 万人，全网内容播放量超过 30 亿次。

青藤文化在泛娱乐行业的强势发展吸引到了来自 bilibili 的千万投资，如今，青藤文化已然成为深耕 bilibili 的头部 MCN 机构。

代表达人：是你们的康康、鹿小草、达达达布溜。

微念科技——头部 IP“出走”的新消费品牌公司

成立于 2013 年的杭州微念科技有限公司，是一家通过孵化与深度整合 KOL、消费品牌资源的跨界公司，旨在通过赋能 KOL 和消费品牌的方式，让用户感受美好的生活方式。据公司官网介绍，微念是“一家成长中的新消费品牌公司，愿景是成为受尊重的、全球化的东方文化新消费标杆”，而公司旗下的东方文化传递者的典型之一，就是将中国的“山水田园梦”具象化的李子柒。微念与李子柒合作 4 年，共同将李子柒从“红人”打造为“品牌”，在电商领域发力，拥有多个新消费品牌，使“李子柒”这一 IP 的商业价值和成长周期都有了更稳定的延展。

但在 2021 年下半年，微念与李子柒陷入合约纠纷，目前李子柒旗下的四川子柒文化传播有限公司已起诉杭州微念品牌管理有限公司，而投资微念不足半年的字节跳动已在 10 月 16 日启动退出流程，足以看出此次事件对于微念的负面影响。如果双方无法和解，李子柒的出走将对微念的未来产生难以逆转的巨大损失。

代表达人：Kakakaoo-、壶提提。

游良文化 ——飞速成长的华南地区头部 MCN 机构

游良文化以 IP 孵化、短视频制作、精准流量曝光、品牌营销等服务为核心竞争力，深耕短视频生态市场，拥有从前期策划、创意到后期拍摄、制作的全链条短视频团队。目前，游良文化签约孵化的达人超200位，其中包括“梅尼耶”“蔡萝莉”“高雨田大魔王”“呆妹儿小霸王”“Aleks Kost”等拥有千万粉丝的头部达人，短视频内容覆盖时尚、剧情、生活、游戏、音乐、汽车等多领域，累计覆盖全平台粉丝超 8 亿人，视频月度播放量超 50 亿次，服务大众汽车、宝马、星巴克、京东、花西子、网易游戏等超 3000 家一线品牌客户。

有着如此傲人成绩的游良文化成立于 2019 年，与其成立仅有 3 年时间形成对比的是其一骑绝尘的发展速度。短短数载，游良文化已经发展成为华南地区的头部 MCN 机构，堪称行业里的一匹“黑马”。在内容输出方面，游良文化以“内容创造未来、创意带来欢乐”的价值观为导向，持续输出优质的原创内容，并形成了从内容制作到发行传播、商业运营、IP 孵化的产业链；重视内容的趣味性及互动性，在与粉丝互动的过程中加深与粉丝的情感连接，实现内容价值的最大化。在专业性运营方面，游良文化注重数据应用，每周统计出各项数据后，由咨询顾问对数据进行分析，再根据数据调整运营方向，使每一项决策都有据可依；长期配有专业人员深入研究短视频平台算法，创造出符合平台调性的热门视频。

代表达人：梅尼耶、高雨田大魔王、蔡萝莉。

侵尘文化——小红书 KP 模式下的 KOC 关系维护

侵尘文化签约了 900 多名小红书博主，数量为全站第一，其中 70% 的博主为粉丝量在 10 万以下的 KOC。该公司签约博主中 KOC 占比高的原因之一，是在赞藏数据相近的情况下，KOC 的报价相对于明星和头部博主而言更为低廉；原因之二，是 KOC 的用户往往更关注博主发布的内容而非博主本人，因此其发布的品牌也会有比较高的关注度，宣传效果更好。在合作品牌方面，侵尘文化也采取了类似的选择策略。相较于已经在市场上获得一定成就的成熟品牌，侵尘文化更青睐于刚刚火起来的小众品牌，因为这些规模较小的品牌，其经营成本往往更低，有着鲜为人知的高利润率。但是，随着公司发展态势向好，雅诗兰黛、海蓝之谜等国际大牌也成为其服务客户。依托 KOC 矩阵及合作策略，侵尘文化得到了全平台最高的机构赞藏比，以独特的投放策略扎根于小红书生态中。

不同于传统 MCN 机构的强绑定模式，侵尘文化与博主的合作以更宽松的方式展开，创始人林尘将之称为“KOL Partner”模式。这种合作模式吸引了众多博主加入，使侵尘文化能够快速发展队伍并抢占阵地。林尘曾在接受采访时坦言：“签约数量越大，价格管理体系越稳定，广告公司与品牌就越愿意选择我们。很多博主觉得这家公司很厉害，能帮他们接到海蓝之谜的业务，其实他们不知道，正是因为他们在侵尘文化抱团，我们才有承接海蓝之谜业务的能力和机会，这两端是相辅相成的。”

代表店铺：侵尘吉光集合店 。

如涵文化——一以贯之的电商网红孵化与营销平台

2016 年 4 月 25 日，如涵文化登记成立，3 年后于美国纳斯达克上市。在短视频行业刚刚探索到做电商这个最佳的变现路径之时，如涵文化就开始积极培育主播，迅速踏入风口。如涵文化的财报显示，2020 年该公司的 GMV 突破 40 亿元，同比增长 40.6%，旗下网红数量达 168 人，估值约 2.3 亿美元。从如涵文化的财报可以看出，带货收入约占其主营收入的 76.6%，而平台服务收入仅占 23.4%。由此可以看出，主播带货是其业务的重点。如涵文化官网的公司介绍中写道：“作为国内领先的电商网红孵化与营销平台，如涵已成功孵化 200+ 知名红人，具有成熟的网红培育体系和深厚且不断增长的网红储备。”如涵文化对自己“网红孵化营销 MCN 机构”的定位是明确清晰的，并按此进行策划和布局，同时也与主要电商平台形成较为坚实的合作关系，实现网红商业化。

但是，随着机构同质竞争的加剧，明星、其他平台的红人争相加入直播带货领域，MCN 机构已经很难持续培育出红人主播。如涵文化的财报显示，旗下排名前三的红人主播贡献了公司年度 GMV 中的 53.9%，其余红人主播人均创造的 GMV 仅有 103 万元，排名较后的红人主播的投入产出比较低。如涵文化这种重度依赖头部网红的结构是存在隐忧的，一旦网红出走或丧失流量，那么就会对公司产生极大的影响，因此，如涵文化发展的局限性也是显而易见的。

代表达人：小李朝 ye、温婉 Wenwan_、晁然然然然。

奇迹山——做网红图书馆，而不是网红工厂

奇迹山比较擅长从素人做起，通过配套前后期团队及运营团队，提升红人的内容输出能力和商业化能力。他们强调“不要干涉达人创作”，倾向于以创作者为核心，公司负责提供各种知识养料，能否学有所成则在于达人自身。这种“图书馆式”的策略加上宽进严出的管理机制，奇迹山度过孵化期的账号所发布内容基本能实现 5% 的爆款率。

代表艺人：西木西木、太阳妹妹（晨晨）、贫穷料理。

杠上开花——微信图文生态转型抖音短视频业务的尝试

图文领域的头部大号能不能把短视频做成？微信公众号“视觉志”旗下的抖音 MCN 机构杠上开花给出了“‘青岛大姨张大霞’ 抖音 70 天涨粉 1000 万”的答案。而斐然的成绩背后，则是该公众号长期以来形成的流量嗅觉、强大的用户洞察能力和情感共鸣能力。

代表达人：青岛大姨张大霞、邻家美男团、电影探长。

无忧传媒——帮助达人实现从短视频到直播带货的能力持续进阶

无忧传媒是业内首家提出“互联网 + 艺人经纪”运营模式的公司，该公司曾连续 21 次排名抖音 MCN 机构月榜第一。无忧传媒从 2018 年开始布局，目前旗下拥有千万级粉丝达人 11 位。无忧传媒拥有丰富的人物 IP 孵化经验与健康成熟的“金字塔式”孵化体系，注重达人职业发展，促成达人从短视频到秀场直播再到直播带货的能力持续进阶。

代表艺人：大狼狗郑建鹏 & 言真夫妇、麻辣德子、彭十六 elf。

新动传媒——围绕 IP 孵化矩阵打造多元变现通路

从明确赛道到基于变现模式的选人，再到精细化运营，一年时间内收获 2500 万粉丝的“祝晓晗”就是这样一步步打造出来的。用从其身上总结出的方法论，新动传媒围绕“祝晓晗”IP 衍生孵化的账号矩阵也达到了一周涨粉百万的效果。结合账号特质来决定采用广告还是带货的变现模式，也意味着电商方向的新尝试。

代表达人：祝晓晗、老丈人说车、能能叔。

FANCY OPERATION APPRECIATION

微辣文化——供应链起家的 MCN 机构

孵化网红、孵化素人，做产出 KOL 的“航空母舰”，是微辣文化的使命。在电商基因的引导和自有供应链的加持下，微辣文化基于粉丝偏好，深耕美妆、女装、美食等领域，为红人开设自有店铺。一手抓网红，另一手抓商家，微辣就这样紧紧抓住新经济的风口，势如破竹般架构起完整的、集体化的红人商业变现全生态链。

代表达人：喜东东、大西米君、小鹿 v-。

宸帆——为红人 IP 打造电商品牌

宸帆基于旗下部分红人的 IP 影响力，创立了 30 多个红人专属品牌，同时与多个品牌方合作，为红人提供 IP 品牌定制化营销变现方案。宸帆凭借其强势的供应链资源、粉丝变现能力和对女性用户的精准把握，确立了以红人 +AI 技术为驱动的多品牌快时尚集团的战略，成为中国最具有代表性的 MCN 机构之一。

代表达人：管楚易、终于五岁噜、白小染 ECHO。

古早娱乐——地域类 MCN 机构的抱团合作与成长

短视频行业在中原地区的起步较晚，发展不足。古早娱乐坚持探寻创新路径，以优质的内容引领河南短视频行业升级。古早娱乐通过组织交流大会、成立联盟机构、与当地龙头企业合作、满足本地政务需求、策划地域景区营销、与高校合作孵化项目等手段为中原地区短视频行业做贡献，并因此获得了业界的充分认可。

代表达人：河南你华哥李妈妈、贝勒儿、大锤。

http://www.其他平台MCN.com

http://www.其他平台MCN.com

http://www.其他平台MCN.com

香蜜信息——轻熟女性的精准定位与价值挖掘

香蜜信息定位于中国中产阶级女性的消费升级，在图书、视频、公众号、影视等方面展开布局，业务内容已经从最初的自媒体扩展至广告营收、内容电商和知识付费。该公司自建供应链，开设“香气铺子”，为轻熟女性提供品质好物；开展社群运营，增加新女性的生活厚度，粉丝都被称为“香蜜”；将IP往线下延伸，策划出版了一系列聚焦女性成长的图书。

微信公众号：灵魂有香气的女子。

军武科技——聚焦军迷文化，共创军事国潮

同样专注于垂直内容的军武科技致力于军事文化的传播推广，于2019年荣获“第十届牛耳人人盛典网络视听年度领域最佳MCN机构”称号。该公司旗下的媒体号在微信、微博、抖音、快手等多个平台有超过6000万的粉丝量，发布的内容涉及武器装备、军事人文、军器测评等类别，订阅用户以男性为主。该公司在线上开发品牌，支持用户自主定制，打造“军事国潮风”；在线下举办合作活动，为军迷搭建交流实践平台。

微信公众号：军武速递、军武次位面、军武优选。

幕星社——当微博条漫迈入MCN时代

从传统纸质漫画创作者到新媒体漫画内容生产者，再到成立漫画家公司，幕星社完成了两次跃迁。微博等平台不仅为漫画图文垂类拓展用户提供了基础，也为粉丝交流和电商嵌入提供了空间和接口。带着互联网基因的国漫行业逐渐受到资本的青睐，不断涌现的新漫画家和潜在商业模式都值得关注。

微博：幕星社。

每天传媒——稳定的微信流量逻辑下的深度运营

每天传媒专注于经营微信平台，致力于打造覆盖情感、时尚、美妆、文化、母婴、电影、本地生活等多个领域的公众号矩阵，综合粉丝量达数千万。该公司的微信公众号内容垂直划分，投放模式成熟，粉丝黏性强、价值高，流量整体稳定。目前，每天传媒与国内外众多知名品牌商及广告公司建立了稳定的合作关系。

微信公众号：妈妈手册、Nancy 时尚笔记、Yuki 的美妆日记。

摘星阁——基于小红书平台特质进行红人定位与运营

摘星阁是一家扎根于小红书的原生 MCN 机构，成立两年来签约的博主超 150 位，其中十万粉丝级至百万粉丝级的腰部博主占 80% 左右。基于平台粉丝具有年轻化特征和分享属性，摘星阁将博主身份定位于学生、白领等年轻的一二线城市女性，内容上主打 Vlog（视频网络日志）、好物分享、测评等类型，故而颇受美妆、个护类大牌的青睐。

代表博主：hello 我是沱沱、东瓜嘀嘀、迪拜奶奶。

唯喔科技——开辟跨文化内容变现通道

唯喔科技旗下拥有“歪果仁研究协会”“万国土特产”“YChina”等新媒体矩阵账号，海内外平台关注者过亿。基于对当下粉丝消费需求的理解，该公司推出了“全球买”平台。这一平台不仅具有成为多边文化交流桥梁的意义，也带来了在全球范围内开展品牌营销和实现销售转化的机会。

代表达人：夏波波 Brian、西班牙小哥儿德明。

MCN INSTITUTIONAL GUIDE: COLORFUL FLOWERS IN DIFFERENT SOILS

MCN 机构图鉴：不同土壤下的各色花朵

编 辑 / 曾茜 程晓玲

我国的 MCN 行业在经历了起步时的探索期后，随着互联网平台的迭代和创新高速发展，当前，已走过基于微博等社交平台的内容生产阶段和基于抖音、快手等短视频平台的打造网红阶段，进入了基于淘宝等电商平台的直播带货阶段。而阶段发生变化的标志并非体现在业态的相互迭代替换，而是体现在各个业态并存时企业运营重心的变化。从 2016 年起，短视频行业进入百花齐放的时代，“红人经济”不断发展，在广告、电商变现需求的刺激下，MCN 行业迎来爆发式增长。数据显示，2016 年国内有 MCN 机构 420 家，到了 2020 年，国内的 MCN 机构数量已增长至 28000 家，市场规模由 32 亿元飙升至 245 亿元，商业模式也从单纯获取广告分成转向多渠道盈利。经过多年的探索与发展，众多 MCN 机构在多方面显现出相似的布局与选择，逐步形成了行业的特征。

MCN 机构面面观

内容创作者方面：由于短视频具有包容性高、视觉传达效果好等特点，因此越来越多的内容创作者加入，使行业竞争趋于激烈。90% 的头部网络红人都签约了 MCN 机构或者自建 MCN 公司。一些有专业背景的人才或机构，如艺术家蔡国强、中银律师事务所等也进入短视频赛道。头部达人的粉丝增量放缓，仅靠原本的短视频内容已不能满足用户需求，急需提高自身的商业价值。

机构的股权结构方面：部分 MCN 机构的共同创始人为夫妻、兄弟姐妹、同学或朋友，而那些头部机构的家族化特征尤为明显，这种股权结构的机构具有稳定性强、合作方之间信任度高的特点。电商机构则多为“达人 + 管理者”的股权结构。如“口红一哥”李佳琦为其推广公司美 ONE 的合伙人，头部主播薇娅的丈夫为谦寻文化的董事长。红人成为机构的创始人或合伙人，这种股权结构降低了红人独当一面后离开的风险，MCN 机构可在红人身上加大投资力度，实现价值最大化。

地域特征方面：2020 年，MCN 机构主要在浙江、广东成立新公司或分公司，其中浙江的 MCN 机构数量占全国 MCN 机构总数量的 16.9%，广东的这一占比为 13.2%。有 18.4% 的电商选择在杭州扎根，主要原因是杭州电商产业链完善，聚集效应强，形成了集中的直播电商场域。内容型电商避开一线城市，选择在长沙、苏州、青岛等经营成本较低的二线城市设立分公司。

营收规模方面：2020 年，营收规模在 500 万元以内的 MCN 机构约占 68%，营收规模在 500 万～1000 万元的 MCN 机构约占 26%，营收规模在 1000 万～5000 万元的 MCN 机构约占 4.1%，营收规模在 5000 万～1 亿元的 MCN 机构约占 1.0%，营收规模在 1 亿元以上的 MCN 机构约占 1.9%。可以看到，约 94% 的 MCN 机构收入规模达不到千万元级别，头部机构占据了绝大部分的市场份额。营收规模增长超 100% 的 MCN 机构主要集中在短视频内容、直播电商赛道。

“因地制宜”的 MCN 生态

MCN 行业的高速发展离不开平台的扶持。内容是短视频生态的基础，故而，平台对于 MCN 机构这个内容产出大户的重视程度也与日俱增。微博、快手、抖音等平台相继与 MCN 机构开展合作，吸引优质 MCN 机构入驻，对 MCN 机构进行流量扶持与宣发帮助，进一步为 MCN 机构打造 KOL、产出优质内容提供助力。经历数年的沉淀与发展后，MCN 机构在各平台“因地制宜”地发展，全面开花。

抖音 MCN：布局必争，兼容并包的大生态园

作为短视频行业的头部平台，日活用户超 6 亿的抖音拥有庞大的用户流量以及优质的曝光与变现渠道，自然是 MCN 机构布局的重点阵地。据新榜收录的数据，抖音上共有 1179 家 MCN 机构，签约达人数量达 2.27 万个，在不去重的情况下，覆盖粉丝 248.8 亿个。

如果说快手、B 站、小红书上的众多 MCN 机构都或多或少地带有原生平台的属性，那么作为当下最大的短视频平台，抖音上入驻的 MCN 机构则是“大而全”，行业内外知名的 MCN 机构几乎都汇聚于此。无忧传媒、古麦嘉禾、papitube 等大批优质 MCN 机构占领高地，头部的构成格局基本稳定，其他机构想要从头部机构的包围中突围并不容易。那些成功者几乎都有着自己的特色。在抖音爆发的 2018 年，一批独具特点的优质 MCN 机构也随之诞生：有颜值的嘉尚娱乐格外突出，并且打造出从台前培训到中后端借由短视频、网剧综艺等平台为旗下艺人打通上升渠道的一条“颜值产业链”闭环；电视系统出身的芒果 MCN 在内容制作、达人阵容以及粉丝基础方面有着天然的优势。芒果 MCN 这个短视频行业的后起之秀凭借其独特优势逐渐成为行业头部 MCN 机构，也为电视行业向短视频行业拓展提供了优质样本。MCN 生态的多样也让抖音的内容生态生机盎然。

快手 MCN：在家族打造出的信任氛围中发展电商

在进行大规模组织变革和结构优化前，快手标榜的核心用户是“每一个过着日常生活的普通人”，没有什么达人、红人之说，因此MCN机构在快手上几乎没有存在感，取而代之的，是“辛巴 818”“散打家族”“716 牌家军”等江湖气息十足的家族。对于当时快手上的内容创作者而言，“拜师”是最有效的涨粉方式，比如“散打家族”的“首领”散打哥就将其“徒弟”祁天道打造成拥有千万级粉丝量的红人。这种“先红带动后红”的家族模式迅速聚拢了流量，使家族成为快手上不同于 MCN 机构的原生态联盟。

为寻求更高效且更可控的发展模式，2018 年，快手发布了 MCN 合作计划，大量招募公司化运营的 MCN 机构入场，同时给予其大幅度的流量倾斜，一方面制约家族的野蛮生长，另一方面让两者携手共生，营造一个良性的参与者生态。家族模式为快手营造了用户黏性较高、打法直接、接地气的氛围，这也成为快手吸引 MCN 机构的主要因素。快手用户对达人有着较高的信任度，因此基于信任关系的电商生态在快手平台上得到快速发展，使得 MCN 机构的变现通道较为顺畅。

NEWRANK: CONTENT DELIVERER & MEDIATOR

新榜：内容的传递者与媒介人

受访人 / 沈涓（新榜高级顾问）
撰 稿 / 刘娟
供 图 / 新榜

2014 年，微信公众号开始爆发，继而，朋友圈、视频号等接踵而至，围绕微信生态圈推出的产品层出不穷。这些社交媒体悄无声息地影响了大众的生活与工作。

不得不提的是一家因新媒体兴起而诞生的企业——新榜。在新媒体发展的历程中，新榜一直在担任行业观察者的角色。

CONTENT
DELIVERER
& MEDIATOR

信息如潮
它是大海中的领航者

海量的信息如同潮水般向年轻一代涌来，人们患上“信息焦虑症”，手机时刻不离身，这是移动互联网时代最明显的现象。大部分的新媒体平台均由一个具有权威性的中立平台主导。新榜正是这样一个中立平台。作为内容产业的服务平台，新榜先后延伸出数据咨询、内容营销、版权分发等服务，全方位匹配内容行业的服务需求。你可以通过新榜专为抖音开发的数据分析平台新抖来查询抖音的 MCN 机构排名，查看不同维度、不同垂直分类的达人排行，甚至可以看到包括达人所属的 MCN 机构等行业信息。当然，除了抖音，新榜还深耕微信公众号、微信视频号、头条号等多个平台。

新榜创始人在接受发声体采访时说起创立新榜的初衷：“为了建立一个市场认可的新媒体内容影响力标准。于是，我们开始通过采集数据做新媒体排行榜，虽然只是用阅读点赞数等一些公开数据来做统计，不能代表内容所有的价值，但还是一个很直观、重要的标准。后来发现大家都有这种需求，并且这种需求在不断延展和细化，最终我们就正式把它作为一个商业项目来运作。”

新榜给自己的定位是“内容产业服务平台”。新榜尝试建立对内容进行评估的标准，以降低交易成本；除了发布微信公众号数据和榜单以外，也和主流内容平台开展独家合作，制作数据榜单，提供权威发布；先后开发了从图文到短视频直播的多种内容平台的数据监测工具，帮助内容从业者更好地通过数据提升业务效率水平。新榜还提供内容营销的全域整合服务，针对品牌方和内容方的合作，建立了一套从策略创意、采买执行到跟踪监测的流量募集分发解决方案。新榜通过内容云版权分发平台为内容创作者提供广告电商之外的新收益渠道，也帮助企业解决了做新媒体运营时遇到的“内容荒”问题。

新榜以“链接者”的方式，在全网做孵化与衍生服务。

■ 数据驱动：
以数据为驱动力，定义内容行业价值标准

新榜定义了内容行业的价值标准，其核心在于数据驱动。数据驱动给传统广告带来的冲击不亚于人们阅读习惯的改变对传统出版业的冲击。据悉，新榜也将“内容价值评估”作为重点产品，每年发布行业公认权威机构给出的内容价值排名。2020 年，新榜又对短视频直播领域的服务内容进行了强化，其中包括实现数据服务的全平台覆盖。

■ 服务方向：
连接内容，打通上下游

在新媒体大市场方向上，随着内容创作成为主题，官方认证也逐渐成为行业发展的一项固定指标。在 2020 年人社部发布的 16 个新职业中，全媒体运营师、互联网营销师赫然在列。

据悉，在西瓜视频平台上的兼职创作人中，68% 的人愿意发展成全职创作人。

2021 年，内容生产行业呈现更加快速扩展的态势，进入了人人皆可做内容的阶段。面对更大的从业者体量及更丰富的平台渠道，新榜将致力于对各业务平台进行智能化升级，进一步促进行业资源上下游的对接。进入发展的第 7 个年头，新榜将坚持创新升级，利用全新的技术和数据升级完善“新榜有赚”营销平台、“新榜有数”工具平台、“新榜内容云”版权平台、“新客云”本地平台、“新榜商桥”资源平台这五大平台，全方位满足新媒体行业的需求，实现真正意义上的平台化。

经历了 5 年的商业化运营过程之后，凭借累积的大量营销效果数据，新榜建立了可跟踪智能营销系统和消费级用户画像系统。如今，“新榜有赚”可为品牌提供超过 60 万个 KOL、KOC 的便捷优选投放服务。新榜希望为客户与内容创作者双方提供更便利高效的服务，让客户的每一笔钱都能花在刀刃上，让内容创作者都能体面赚钱。

直击达人与电商行业
新榜有态度

> **大部分实现了内容强势的平台都会进入电商赛道。**
> **发声体也随即抛出了另一个大多数内容方都会关注的问题：**
> **“如何看待达人与电商行业的关系？”**

■**新榜观点：**随着平台技术的不断发展完善，达人与电商之间的关系会越来越紧密。特别是直播电商，凭借其特有的高黏性和高转化率，成为整个电商行业追捧的热点。达人一方面为电商带来了更多的流量转化加持，另一方面也为商品增加了内容信任价值，花西子、钟薛高、三顿半等大量的创新品牌在达人的内容推动加持下得以“打爆”市场，迅速“破圈”。而就达人自身而言，在实现了更为直接的内容变现的同时，也与粉丝建立起了内容认可之外的消费信任关系，薇娅、李佳琦等一众直播红人在这一时代中迅速崛起并形成了更强的内容消费能力。内容电商、直播电商的兴起实现了达人与电商行业之间的互相成就。新榜的直播电商团队也在为一批 MCN 机构的达人提供商品、直播间、店铺、信息流运营服务，帮助广告型达人更高效地切入电商。

■**新榜认知：**新媒体队伍日益壮大，更多的专家、明星甚至是素人加入，生产出更加深度垂直的内容，不断为内容行业添砖加瓦，推动行业持续升级，同时，视频化、直播化的趋势日益显著，这两个词也成为内容行业的关键词。伴随着内容产业的日益成熟，新媒体需要更顺应这个环境的发展。一方面需要适应新的内容形式、表现形式，既会码字，也会拍视频与做直播，多介质运营。“半佛仙人”是图文转视频的代表，“灵魂有香气的女子”则是图文、短视频与直播“三项全能”。另一方面需要进一步提高内容的深度和专业性，并在细分领域寻找更多的生存空间。以短视频美妆内容为例，我们不仅能看到测评、试色等常规内容，还可以看到成分、仿妆、眉形等更加垂直细分的内容，即针对特定场景、兴趣圈层以及人群特征的需求来生产的内容。

企业应该正视激烈的市场竞争环境，加强内循环建设，通过不断丰富平台功能、整合平台资源、加强商业闭环来吸引用户留存和提高用户黏性，为新媒体搭建起平台内“需求—内容—消费”的内循环，提升新媒体在平台生存的商业能力。不同内容品类、不同发展阶段、不同变现模式的新媒体，要根据平台的特点和用户选择最适合自己发展的根据地。

反观 MCN 机构，在头部网红孵化难度大、周期长和不确定性高等风险的压力下，应逐步转向拓展中腰部达人的批量化复制，搭建更具规模的、良性的“金字塔式”结构。MCN 机构也在不断拓展自己的商业边界，除内容外，还提供全案营销策划服务，在带货的基础上向供应链端渗透，反向自建品牌和工厂，进一步提高收益和利润率。

稳固航行方向，发力前行
链接新媒体平台服务

回望 2020 年，新榜经历了一整年的迭代更新，并实现了新抖、新快、新站、新视短视频及直播电商数据平台逐一上线。2021 年，新榜通过整合数据功能，开拓渠道，开发针对包括小红书在内的更多平台的数据分析工具，实现数据工具与营销平台的全面打通，进一步提升数据在公域流量获取和私域流量管理方面的智能化应用价值。

仅用了两年时间，“新榜内容云”就构建了从筛选、邀约、入库到编辑、分发、监测、结算的完整的版权内容安全分发系统，并实现年均分发超过 5000 万条的正版合规内容，不仅扩展了内容创作者的变现路径，也为企业自建私域流量平台提供了更多优质的内容产品。此项服务也备受国内金融机构青睐。

近期，“抖音入驻美团”的消息在网上流传，表明专注于本地生活服务的商家也对内容视频化产生了强烈的需求。新榜也将协助此类商家完成短视频直播生态的建设，实现公域、私域“一键连通”，满足本地商家新刚需。目前，新榜已与近 100 家城市服务商达成了合作。

从对新榜的采访中，我们看到了新媒体行业给社会、行业生态以及人们的日常生活所带来的改变，同样也期待新媒体行业在发展的道路上，渠道方以及平台方能携手稳步前进，共同成长，真正实现新榜所说的：“让客户的每一笔钱都能花在刀刃上，让内容创作者都能体面赚钱。”

2021新榜大会
FRIENDS OF CONTENT
的朋友
2021新榜大会
NEWRANK CONFERENCE

CHAPTER THREE

第三章 真正的内容创作者

他们是短视频时代的内容创作者，从名不见经传到获得千万点赞，靠的是一条又一条精益求精的视频。巨大的危机感激发出他们强大的内容创造力。可以说，竞争比以往任何时候都要激烈，活下来的，无一不是佼佼者。

THE "SERIOUS THINGS" OF THE ERRANT

不正经者的“正经事”

受访人 / 沛沛 阿都 阿嘉 爆炸 Yui （均为化名）
撰　稿 / 刘娟 纱词苏
摄　影 / 李思杰 蔡瀚庆 陈紫荣

2019 年组建的团队，两年间粉丝量突破 1000 万，这样的粉丝增长速度在抖音平台实在不多见。

在大多数人的印象中，“网红”给人的印象就是互联网里吃着流量红利的“暴发户”。与传统的行业里的从业者相比，他们似乎“不务正业”。但我们在了解抖音现象级达人梅尼耶及其团队之后，对他们有了新的认知。这支团队的成员几乎都是“96 后”，在了解他们的创作过程之后，我们发现这是一支认真且极有想法的团队，在抖音上，他们创作出了许多令人意想不到的视频内容，并一直在坚持输出原创视频作品。

作为队长的梅尼耶自然是那个最不能“掉链子”的人，这意味着所有的压力都会集中在他的身上，他需要通过不断的练习和打磨，才能让视频整体成型。在聊到令团队爆红的视频作品《战术名侦探系列之外卖员特辑》的诞生故事时才知道，原来，在这个视频出品之前，团队无比地紧张。编导阿嘉介绍说：“我们大家在发布之前都捏了一把汗，因为作品随时可能导致流量和粉丝数量发生变化。”

创作之路上，如何成功获取流量，似乎无法总结出规律。

但对于大多数需要广告效果的品牌而言，梅尼耶团队在行业内已然是块金字招牌，其取得的优质量化数据总能让企业收获惊喜。作为较成熟的短视频创作团队，梅尼耶他们十分清楚，量化的数据不仅是品牌参考的依据，更是团队优化、完善作品的基础之一。在数据之外，梅尼耶团队成功的因素还有很多，但究其根本，都离不开一个核心，即团队的创作凝聚力。

用热情和必胜的决心来创作

每周产出 1～2 条精品视频是梅尼耶团队的坚持和共识。为了使作品尽量完美，趁着夜色进行拍摄或者抢抓太阳光线良好的时机进行拍摄，又或者不顾高温在室外争分夺秒地工作，都是常事。

IP 火了，团队接到的各类合作活动逐渐增加，但这也同时压缩了团队的创作与拍摄时间。为了能在保证稳定输出作品的同时兼顾品牌方的需求，团队在时间调控与管理上花了许多功夫，很多时候只能压缩个人的休息时间为拍摄让步。“有时候为了拍出一条满意的片子，我们甚至可以集体不眠不休地连续工作两三天，工作强度与规范性跟剧组拍电影相比可能差别不太大。视频拍出来之后，我们还会担心作品引起的流量浮动情况。说不焦虑那是假的。”其中一个团队成员说道。

热度的增加，吸引到的不仅仅是粉丝，还有品牌，不少消费品牌主动上门与团队洽谈合作。大部分的商务合作都需要经历磨合期，在磨合过程中，双方需要先熟悉彼此——品牌调性以及 IP 作者本身的属性，只有在双方确认各种条件匹配之后，才能进入真正的内容创作环节。但即便团队做好了一切准备，品牌方因为某些原因临时终止合作，打乱了团队计划的情况也时有发生。不过，这些无法预料之事并没有动摇团队的创作热情，成员们始终抱着必胜的决心。

“我们想成为好的内容创作者！”

梅尼耶大概是团队里最腼腆的成员，话不多，但是眼神里充满了对生活的热爱。后面我们会详细地为大家讲述这个憨厚可爱的广州男孩如何从抖音新人“一跃而上”的故事。

当大家知道自己的故事要被写进书里的时候，眼里充满着喜悦——如同思考时突然迸发出灵感而获得的喜悦那般，与视频获得成功的那种喜悦有着些许区别。

当我们问及想如何定义自己的工作以及未来的方向与目标时，负责编导工作的阿嘉突然很坚定地说：“我们想成为好的内容创作者！”这句充满热血的话语一下子让我们意识到：在短视频社交平台上的内容创作带有草根文化的基因，在平台上得到认同和正视，才是这份工作本身最大的意义。

那些登上微博热搜的网红事件多是花边新闻，这也让团队一直困惑：网红背后的流量，那些在后面点赞的人，是不是真正认可团队努力创作的内容本身呢？他们在往内容被认可的方向努力。从他们每天下午两点开工、凌晨四五点收工的工作强度中，我们看到了创作的艰辛，也衷心希望走在“好的内容创作”道路上的他们能够越走越远。

帅气、潮酷，是屏幕前的人们看到的一面，那种随音乐与动作而展示的变化，让“变装”本身具有一种时尚感。但幕后的创作者，却未必是我们屏幕前所看到的样子。

幕后对话：

屏幕外的另一面——就是伙伴

发声体：你们团队觉得梅尼耶是怎样的一个人呢？当初组成团队的契机是什么呢？

阿嘉（化名）：说到组成团队的契机的话，我可以说是公司的安排吗？（笑）正经地说，应该是因为一种感觉。因为老梅（指梅尼耶），其实是一个非常可爱的男生，脾气也很好，我们就没见过他发脾气。不过，在创作过程中，他对创作的内容不满意，认为需要修改的时候，会严肃地提意见，而且他对每一条（作品）都会给出自己的想法和意见。这也是我们团队能够一直保持“1+5”的原因。

沛沛（化名）：作为本团队唯一的女生，我想说，他在抖音节目里跟节目外是两种样子。至于契机嘛，一个是大家年龄都不大，比较能玩在一起，至少是没什么代沟的。大家会一起玩游戏，有很多话题。另一个——也是最重要的，是大家都能想出好的内容创意，彼此都比较有默契。

阿都（化名）：老梅很宅，会打游戏，跟抖音节目里展现的形象（很帅、去酒吧喝酒等）反差比较大。他人很好，脾气性格都很不错。我感觉在团队里大家都很合得来，一起做内容还蛮开心的。

爆炸（化名）：这个问题我比较有发言权，毕竟我是经纪人！我跟梅尼耶接触得最多。我觉得他性格很好，完全不是视频节目里那种很拽的样子。他对作品是真的非常“轴”，“网感”比较好。但这也可能是他练出来的，因为他看了很多节目材料。

Yui(化名）：老梅人很好，平时大家一起玩，一起吃东西，但大部分时间是在一起讨论工作。网上有一些流言与实际情况并不符合。我们会维护好自己的品牌和口碑。关于内容创作，我觉得要潜下心来研究，而不是去关注流量。

团队对内容创作一直有坚定的热情。

" Breaking the rules "

梅尼耶：
撕掉“网红”标签，去除滤镜后的内容创作者

撰　稿 / 刘娟 纱词苏
摄　影 / 李思杰 蔡瀚庆 陈紫荣

2019 年，他在抖音迅速走红。这并非意外，而是经历过一段时间的内容积累才取得的成绩。也许有人会羡慕，觉得这份职业很自由，不用干一辈子零工，不用一辈子看甲方脸色，但其实自由也有一定的不稳定性，创作者背负的巨大压力也是每一位达人共同面临的问题。

作为短视频内容的创作者，他也在努力地适应每个成年人生存环境中都有的焦虑感。幸运的是，创作之路上，他身边的伙伴一直支持他对内容创作的态度，给了他不急不躁的内容创作环境。

在喜欢的领域中发光
才是正经事

2019 年的 12 月，新冠肺炎疫情暴发。梅尼耶跟所有人一样，当时都无法出门，也干不了别的事情。“还是想要做一些有趣的事情”，这是他的第一个想法。在整个采访过程中，他说的话极少，但却能直接表达内心所想。他说当时只是想要做点什么更酷的事情。

“梅尼耶”是他的抖音 ID，现实里他叫钟小成，今年 23 岁。大学毕业之后，他进入平面模特行业，之后从 2019 年开始研究抖音，并凭借一条 17 秒的视频涨粉 170 万，成为最有粉丝影响力的主播之一。他跟影视巨星刘德华以及后起新秀刘昊然都有过合作，在抖音上留下了现象级的作品“战术名侦探”系列。

短时间内能收获如此庞大的人气与知名度，梅尼耶自己并不觉得单是靠运气。一切都有迹可循——他平时一直在刻意练习。从疫情期间在家隔离开始，他就每天都在楼道里扔糖，一天的练习时间超过 8 个小时。即使是一个简单的抛糖动作，他也会不停地尝试。他只在周末定闹钟，但并不是为了早起，而是提醒自己准时休息。时间在一次又一次的练习中不知不觉中过去。2020 年 3 月的春天，梅尼耶的抖音视频中出现了标志性的扔糖、领带换装、单挑眉，他也成为抖音平台的现象级涨粉达人之一。

从 21 岁开始拍视频至今，梅尼耶的成长路线似乎一直极为清晰：做一个内容创作者。跟梅尼耶合作过的朋友都觉得他是一个性格好、极容易相处的男生。他的日常除了拍摄抖音视频之外，便是宅在家中过日子，打游戏、收拾屋子、跟好友聚餐、与同行讨论脚本，或是陪妈妈聊天、做饭、吃饭。他极少出门旅游，大部分的时间都是与团队的伙伴们一起度过的。我们在采访中就几个有趣的点进行了提问，发现他在生活中是一个话不多但却能跟周围的人舒适相处的男孩。

发声体：你真的很宅？
梅尼耶：是。

发声体：你大部分时间都在家里都不出门么？
梅尼耶：是。

发声体：你其实没怎么去过酒吧？
梅尼耶：对。

发声体：你现在跟家人一起住，并且跟妈妈一起生活？
梅尼耶：对。

这份简单的问答所呈现出的梅尼耶，看上去与视频里酷拽的他格格不入。采访过程中他表现的每一处细节，都在真实地展现他的个性。在采访的后半段，我们向他询问账号的运营模式，顺带着问了他诸如“怎么不继续做酷帅视频了”“为何不继续走颜值路线呢”之类的一些问题。

他的生活方式与思考角度在众多抖音达人里其实算是不太寻常，他坚持走一条少有人选择的路——持续做内容，在抖音平台上坚持做自己的作品。他不看旁人的眼色，不急于广告变现，从未刻意去拍广告视频，衣着上也不太讲究，几乎所有达人对于账号都有生存焦虑感，但他并不会去想。

涨粉、掉粉、收到没来由的恶意评论、接受广告主没有频度与周期的广告曝光、拍摄重复性的颜值视频……这些常规存在的东西是每一个抖音达人都会在意的事情，短视频平台的数据焦虑影响了内容创作者的作品表达。我们生活在一个数字化进程飞快的时代，从图文到短视频，人们的阅读习惯与交易方式发生了改变，在一线城市生活的人们对此的体验更加明显。短视频创作者的焦虑程度不亚于工薪族，而焦虑感会在他们前进的过程中不断累积。梅尼耶平静地面对着点赞与好评，他会不时停下来思考并向自己提问：“我换个方式行不行？我的内容的方向与意义该在什么地方？”

“早期的时候我也会为点赞量、涨粉量数据和评论的好坏而焦虑，一刻也不敢松懈。这种紧张状态直到遇到了我的团队伙伴们后才得到缓解。我发现，拥有内容的创作核心、掌握风口的方向，才能把控自己的创作情绪与节奏。”梅尼耶告诉发声体：“我觉得没有人会一直红下去，不管是在短视频舞台还是在艺人舞台。面对不好的言论，要学会摆正心态，也可以跟他们讲自己的观点跟态度，我心里面一直是这样想的。我没有焦虑的心态，尤其是跟团队在一起的时候，因为我感觉我们就是最强那个。”

作为一个年仅 23 岁但进入内容创作领域已 3 年的年轻人，他似乎已在这个领域中游刃有余，每次上热搜与被推送至热榜视频，都在证明他就是一位内容创作人。加入游良文化之后，他找到了最默契的拍档，也迎来了大批短视频媒体的关注。

“你为什么能火？”这个问题

• 梅尼耶 MEINIYE 衣服品牌：孙贵填 SUNGUITIAN AW 21/22 潮尚 系列
格子西装外套 S1D0ZX027 / 格子西装裤子 S1D0ZX029

“你为什么能火？”这个问题他听过无数次——来自行业内的媒体人，也来自朋友、同伴和自己家的亲戚。不了解他的人以为他靠的是上镜的外表与青春活力，不过是一个酷拽的抖音颜值达人，但了解他的人都知道这不是答案，他虽然拥有超高的人气，但跟输出内容中的外表因素关系并不大。他的高辨识度更多来自作品本身的人物设定，正是人物设定让每一个刷到他视频的人都对他留下了深刻印象。“战术名侦探”系列大火后，他便彻底从颜值达人向剧情类达人转型。梅尼耶身上有着明显的单纯与率真。他有一种对能力得到肯定与作品得到认同的本能追求，喜欢刺激，也喜欢争第一（这里指自己作品上了榜单与获得认可）。采访结束时，他说：“我觉得，在自己喜欢的领域专注并且长久做一件事情，是值得骄傲的。在这里我能够给别人带来快乐与创意，也能过好每一天的生活。”在给梅尼耶团队拍摄照片时，我们还留意到一个小细节：当所有人都在调整自己的表情与准备服装时，他的手指和眼光却几乎没有离开过手机屏幕。日常刷抖音视频、研究广告的表达方式、了解当下最热门的话题已经成了他的职业习惯。传统的剧情创作需要先用纸、笔将想法记录下来，然后再进行讨论，但是梅尼耶不一样，他在进行脚本策划与创意时，会先看大量视频，然后在脑海中琢磨出不同的内容方向，再与团队成员讨论，最后出成品。这个过程类似《后翼弃兵》的女主在脑中模拟棋局，只不过梅尼耶模拟的是现场环境。这似乎也是专业创作从图文时代向视频时代进化的区别。

他说，别人的评价未必正确，所以没有问题

对梅尼耶和他的团队而言，2020年是收获颇丰的一年。这一年，他的粉丝量正式迈入千万级大关。当年10月他与游良文化签约，之后的短短8个月里，他的粉丝量暴增了1倍，达到2600万（截至2021年5月的抖音粉丝数据）。

当团队的其他成员在为拍摄紧张地做准备时，梅尼耶在看平台当天推送的热点视频，研究某条视频的热度与拍摄脚本以及表现形式。在采访中，他常常提到“因为喜欢”，并逐渐敞开心扉，说出了自己过去的故事与想法。他总结道：“人应该有一个目标，有能够强迫自己做成事情的内动力。”小时候，他的家庭并不太富裕，寒暑假期间经常需要做兼职（学校安排）补贴家用，这个经历也让他形成了一个概念：金钱都是来之不易的，有付出才会有回报。成长的环境与经历让他对于每一次的获得都心怀感恩，对自己的所得始终保持敬畏。细心的人会发现，他的视频形象正逐渐由霸道总裁、变装后的帅气男孩转向邻家男孩以及暖心小哥哥，而能够在不同的身份里进行切换并准确地把握，得益于他对每个角色的理解。“广州李荣浩分号”的小雅称是赞美，但有时候也会引来一些莫名的恶意评论和冷嘲热讽，对此他很坦然，也会认真审视别人的评价是否正确，自己的价值观有没有问题。互联网的言论是自由的，但对于“是否有价值”，应该有一个评判的标准。他深深理解，网络在带来掌声与鲜花的同时，也必定会带来一些恶意的言语。他可以消化，也会为自己正名。

梅尼耶喜欢街舞，这个小兴趣也在他的作品中有所呈现。他学习街舞大概有5年的时间，虽然最终没能在街舞领域发出光芒，却也不算是一件遗憾的事情，因为他曾几次在作品里面开启这个隐藏的小技能，在复古风变装过程中为粉丝们展示了20世纪90年代的迪厅舞姿。在独处时，他也会思考一些问题，比如未来的生活以及方向。他的苦恼与困惑总是能被团队里的伙伴们消除，他的情绪总能得到良好的调节。

或许有一天，我们能看到一个更耀眼的他。这一天或许并不遥远。他依旧是那个保持着初心的创作者。他与他的团队一起，积极迎接每一波流量浪潮的来袭。他专注于作品，愿意接受更多的挑战，希望创作更多让人心动的视频，带去更多的欢笑，即便需要实现账号的商业化模式升级，他也并不会去做高频次的、消耗自己内容创作动力的事情，只是专注于作品本身。对于内容创作的坚持与严谨改变了这个大男孩的人生，即使如今已坐拥2850万的粉丝，他仍旧在不断向自己发起挑战。“不妥协，不将就。”这是撕掉“网红”标签、去除滤镜后，一名内容创作者的心声。

IYE · MEI

● 梅尼耶 MEINIYE 衣服品牌：孙贵填 SUNGUITIAN AW 21/22 潮尚 系列
外套 S1C0ST008 / 卫衣 S1C0SF008 / 裤子 S1D0ZK031

一支独一无二的“饼干小队”

撰　稿 / 刘娟 纱词苏
摄　影 / 李思杰 蔡瀚庆 陈紫荣

核心达人：梅尼耶

■ 大学主攻机电工程专业，读书时期兼职经验相当丰富，对潮流文化嗅觉敏锐。

■ 网感极好，是团队的总指挥，负责制定总目标。

■ 不烟不酒不社交，拥有严谨的时间管理能力和超强的自制力，被团队视为“狠人”。

经纪人：爆炸

■ 潮汕靓仔，迷恋制片工作。

■ 担任梅尼耶经纪人。

■ 主要负责商务对接、团队运作、档期安排、“服化道”准备等一系列工作。

编导：沛沛

■ 团队里唯一的女孩子，大眼萌妹，热爱街舞。

■ 全能小助手，机动工作全靠她。

■ 善于从女性视角揣摩创意理念。

2020 年 10 月中旬，梅尼耶正式签约游良文化，此时的他正面临着粉丝量增长缓慢的困局，用团队的力量去攻克难题或许是最佳的解决办法。游良文化安排了 16 个编导，分成 3～4 个小组，分别和他磨合了半个月，最终定下了现在的队伍。

"其实，梅尼耶还是一款小饼干的名字。"梅尼耶和他的小伙伴们称自己的团队为"饼干小队"，有"5+1"的"编制"：编导阿钰、阿嘉、沛沛，经纪人爆炸，摄影阿都，再加上核心达人梅尼耶。编导主要负责剧本、内容的创作，经纪人则负责商务对接以及"服化道"的准备，摄影主要负责拍摄视频。阿都着重强调："我们的创作过程并没有那么流程化，剧本创作是个集中讨论的环节，每个人都会参与其中的。"这个年轻团队的创作过程有着跟其他人完全不一样的特别之处。

如果要形容得贴切一点，那应该说是嵌套了 MOBA（多人在线战术竞技游戏）游戏的模式和角色。

编导：阿嘉

■ 大学专业为软件工程，5G 冲浪选手，潮流文化爱好者，2020 年 6 月进入游良文化，是最早加入梅尼耶团队的成员。

■ 在团队里主要负责脚本创作、现场拍摄跟进、后期剪辑等。

■ "剧抛脸"，万能配角，出镜率极高。

编导：阿钰

■ 短视频狂热爱好者，因参与运营千万级粉丝账号"马小"被大众熟知。

■ 2020 年进入短视频领域，加入梅尼耶团队后成为创意担当。

■ 主要负责内容编导、广告执行及担任搞笑配角。

摄影：阿都

■ 编导专业科班出身，毕业大作获评 A 级，专业功底扎实。2020 年 10 月进入游良文化后就一直独自负责梅尼耶团队的拍摄剪辑工作。

■ 擅长领域：策划、导演、拍摄、剪辑。

■ 团队作品质量的把控者。

一支“95 后”团队

发声体与“饼干小队”接触后，企图见缝插针，从对方紧锣密鼓的档期中找到预约专访的机会，甚至提出追踪记录团队创作过程的想法。

“编辑老师，我们的创作过程对您来说可能会比较枯燥无聊，忙起来也可能照顾不到您……”电话里，经纪人爆炸的声线稚嫩，他一边查着日程表，一边向我们传达有关日程的主要信息。从日程安排来看，他们仿佛从来不休息，不是在拍摄就是在去拍摄的路上。2021 年 4 月 24 日，他们接到公司次日的合作拍摄安排——知名艺人汪东城来深圳为新歌做一系列宣传，需要梅尼耶共同创作完成主题短视频，当日日程已满。“现场创作是我们的工作常态。对于适合常规场景的微剧情类型，您也可以提点意见。”提到现场剧情设计，阿钰是最兴奋的人。

阿都在揣摩创意的意境时，语速和动作酷似《疯狂动物城》里的闪电。他外表沉稳，思路清晰。“我会根据不同需要选择是用手机拍摄还是用相机拍摄。这一次他们两人的互动情节就比较适合用手机来拍摄和剪辑，出片也会比较快。如果是复杂的‘服化道’布景，那我们最好用相机。”说到拍摄场景，阿都提到一次遗憾的合作——“饼干小队”精心准备了“1 ∶ 1”的服装和道具，却由于一些不可抗力最终没有完成拍摄，一次梦想中致敬星爷经典电影的机会不幸流失了。“有缺憾也是难免的，但我们总能调整状态，迎接新的一天。”阿都其实不比其他成员年长几岁，却在待人接物上表现出超龄的成熟感，但又“知世故而不世故，历圆滑而弥天真”，正是这份天真显示出他对创作充满热爱。

下午的拍摄继续进行——阿钰读秒掐节奏，阿都掌握镜头艺术，梅尼耶与大东老师的配合十分流畅，仅拍了七八条就过了……当大东老师问到视频会不会被抖音限流时，在场的人都异口同声地说：“大东老师放心，老梅是专业研究这门功课的，把控上不会出问题！”后来，这条带有“百万创意大赛”话题的微剧情视频轻松获得 108 万次的点赞。

努力合作成就作品

前一秒耍酷，后一秒破功。在梅尼耶的众多视频里，都有被团队捕捉到的“曝丑”搞笑片段，比如在长隆游乐场飞扑克牌时忽然被游客玩“激流勇进”激起的浪花打得落荒而逃，跟“疯产姐妹”玩空中打水球结果狠狠吃了“怪力少女”邵雨轩的一记猛拳……这其实也是一种互动，正是这样的互动让粉丝们看到，放下表情管理的梅尼耶，就是一个跟伙伴们嬉笑怒骂的 23 岁男孩。

“记得以前上学时，老师叫我们把每一次作业都当作考试来完成，说将来考试时就会像做作业一样轻松。我觉得我们现在的工作也是秉持这样的理念，不给工作和生活划界限，每一天的工作都犹如好朋友们的聚会。”在发声体的拍摄现场，“饼干小队”成员在等待化妆的间隙组团打起了游戏，沛沛说，这款游戏是代言产品，寄工作于娱乐是常态。无论什么场景，最终都会落地到内容创意上面。

发声体：“梅尼耶才 23 岁，但听你们平时都叫他‘老梅’，‘小鲜肉’这么快变‘腊肉’了？”

阿钰：“‘小鲜肉’？哈哈！叫他‘捞仔’也行！”

梅尼耶：“编辑老师，别被他误导，用粤语形容我这种‘小鲜肉’应该叫‘后生仔’。”

作为团队里唯一的女生，沛沛说老梅很好相处，陌生人看到的是面冷，熟悉的人才能懂得他的心热。“饼干们”回忆起踏入社会的短短几年，说一开始的体会让他们觉得“被尊重”是一种奢侈品，直到与老梅组合，这种感觉才逐渐消失。“我们相识之前，是有过疑虑的——梅尼耶那么火，我提出的创意他会接受吗？我剪辑的东西他会瞧得上吗？”在娱乐八卦中常能看到一些明星团队的成员谨慎处世却难逃挨训的桥段，因此，对于给“大人物”服务，大家都提着心吊着胆。沛沛说，谁都怕遇到这种内耗的工作模式，幸运的是，他们这个团队没有“服务”这个概念，没有上下级的关系，没有谁需要屈从于权威，大家都只会为了最终呈现效果去较真。“我们在表达创意之前不需要先做一番心理建设，梅尼耶挺善于倾听的，给他扣一顶‘大智慧’的帽子也不为过。我们每个人都能够表达自己的看法，也就能看到问题的多面性，每一个作品都是经过多维度的剖析最终达成共识的产品。”阿嘉认为，大家三观一致、融洽共处是产出高质量内容的重要基础。

他们的拍摄密度非常大，经常是全年无休，这不由得让人联想到 TVB 职业剧《On Call 36 小时》中表达出的使命感。达人团队也会有使命感吗？“如果说我们输出内容的使命是为了娱乐大众，让观众能够减压，感受到轻松愉快，那么说是受使命感驱使也可以！”沛沛还补充说，短视频作品“战术名侦探”系列之所以受欢迎，不仅仅因为悬疑剧情吸引人，还因为具有启示意义。“达人也是公众人物，我们也要有社会责任感。娱乐大众之余，我们也希望给观众留下一些有意义的东西。”

内容创造者如何进行“实名认证”

“战术名侦探”系列的第一条视频火爆“出圈”后，“饼干小队”没有站在原地喝彩欢呼，而是坚持不懈地将这一系列的视频更新下去，最终取得101天涨粉1000万的绝佳成绩，梅尼耶也顺利渡过上升瓶颈期，跻身头部达人行列。

在这个过程中，他们也有不少失败的经历：一开始以“颜值”为选题导向，积累了少量粉丝后便陷入内容瓶颈期，于是将选题导向转向了“剧情”，但也没有太大的突破。之后尝试做“悬疑剧情”，结果火爆全网，至此才算是真正找到了定位与方向。

对于“饼干小队”来说，取得优异的成绩绝非偶然。在短视频更新迭代越来越快的时代，爆红需要运气，但想要一直红，离不开努力与创新，因为观众永远喜欢新鲜的东西。模仿只能带来一时的热度，只有不断进行内容创作，努力制造热点，才能守住领先者的位置。

对于作品创作，有一次拍摄让他们至今记忆犹新。

“在‘战术名侦探’系列出品之前，我们做了一套变装视频，获得的数据还不错，但后来我们还是想做新的东西。发布‘战术名侦探’系列第一部之前，我们内部大概讨论了2个小时。6点的时候，运营群里开始催了，但是我们从定内容到拍摄再到调整，这一套流程走完得9点，时间非常紧张。随着时间一点一滴过去，团队的总负责人（游良文化的创始人罗冠彦先生）也忍不住在微信里询问怎么还没发出来。当时，大家都捏了一把汗。老梅就解释说我们在做一条新内容，数据不会差的。这才让催更消停了下来。”

“9点，准时发送了出去。”

“我们看着数据一路向前跑，但是跑了10分钟之后，视频被隐藏了。当时，全员又开始紧张起来，大家很疑惑，也很担心，是因为不合规被下架了？还是因为名字或内容涉及暴力、犯罪？公关部的同事小胖，跟字节跳动方面的人员沟通之后，才知道视频是在审核中。视频被放出后，数据立刻开始回升了。最终的数据十分理想，这为我们要继续做‘战术名侦探’系列打下了基础。”

以上故事来自团队编导阿嘉的分享。听完故事后，我突然意识到，传统的剧本创作与短视频创作，既相似，却又截然不同。

视频创作出来以后，会有许多质疑的声音，比如：“点赞、评论数据造假！”“上热搜，你肯定是买上去的！”“内容毫无价值，一点内涵与营养都没有！”对这支团队来说，已经听到太多次这种声音了。不过，强者从来都是用实力与时间去打破流言。后来，因为“战术名侦探”系列的内容太火了，平台官方决定给予扶持，做好内容热搜与推流动作，半个月之后，效果开始呈现，商单、广告以及线下活动也随着队伍与内容的成长接踵而至。尽管拥有鲜花与掌声，但梅尼耶团队仍旧非常清醒地看待自己的未来之路——平均算下来，在发布的10条内容中，商单不会超过1条，因为他们觉得，这还不是最佳时机。在内容创作的过程中，有很多需要相互磨合的事情，每次遇到各成员想法不一致的情况时，他们就会进行投票，但最终决定权还是会交到梅尼耶的手上，毕竟他是内容的核心。

“饼干小队”一直对作品保持着敬畏之心，他们深知，只有优秀的作品才能打动人，一件作品要呈现在观众眼前，首先得过了自己这一关。我们只是看到了他们诸多尝试中最成功的那一部分，背后究竟付出了多大的努力只有他们自己才知道。“饼干小队”从不急于求成，而是稳扎稳打，努力走好每一步，抓住每一个成功的机会，创作出更多精彩的作品。

短视频
承载这群年轻人的梦想

这群年轻人均是刚从学校毕业，年纪稚嫩，不张扬，不娇弱，在抖音的视频中表现拽酷。采访的时候，第一眼看到他们就觉得他们身上透着一股轻松又腼腆的气息，后来我们想，这大概就是他们所拍摄的东西能在年轻群体中引起共鸣的原因吧，因为这股气息，也是这个年龄层具有的共性。

网上有太多关于梅尼耶账号粉丝量涨速惊人的文章，从 2020 年 5 月至今，其账号的涨粉量与上热搜的频次确实惊人。这不是巧合，而是因为在梅尼耶的身后有一支强大的团队在默默支持着他的创意输出。沛沛是团队里唯一的女生，她长相非常清秀，但因为直爽的性格，总是被其他成员当成男生对待。沛沛的加入，为团队贡献了女性角度的思维方式，为视频呈现提供了一个不同的视角。

沛沛的鼻子高挺，五官很协调，笑起来时眼睛眯成了一条线。在团队协作中，她是辅助角色，负责安排搭戏，配合度极高。当发声体问起，创意视频与上热搜是如何实现的时，所有成员的回答高度一致：默契程度高，经常在一起开展“头脑风暴”，默契到经常是临时发挥，甚至不需要脚本。这种状态被认为是团队磨合的最高境界。

谈及工作状态与情绪时，团队内的另外两个编导的答案也都一样：每个人都会主动切换工作时的状态，主动创造轻松的氛围。内容创作需要有放松随意的氛围才容易出灵感。灵感这个东西可遇不可求，有灵感的时候，可以一天出几个脚本，没灵感的时候，想个点子都很困难。团队的拍摄总是能顺利完成，得益于两件事情：一是团队配合默契；二是大家在工作时都能稳定把控情绪。2020 年，“战术名侦探”系列推出，该系列将悬疑与剧情巧妙结合，富有节奏感，代表了梅尼耶团队的内容创作导向由“颜值”转向了“剧情”。团队每个人对内容的包容性都很强，没有人会固执地去破坏和谐与默契感，而这 5 个人的立场与角度，其实也足以代表众多女生与男生的立场与角度，亦即不同的粉丝态度。

经历了 1 年多的团队磨合期后，在排解压力方面，他们也有独特的理解与方法。“你们会因为点赞数而焦虑么？”这个问题成了团队成员被问得最多的问题之一。听到这个问题时，阿钰说，如果想将每一条视频都做好，那么需要在创意、制作方面多加完善。谈到最典型的例子时，他依旧举出了“战术名侦探”系列的例子，说该系列推出后，获得鲜花与掌声无数，如今成片的体量也已翻倍，但如果更新后两天内还没有看到点赞量或粉丝量大幅度上升，大家也会陷入焦虑。但阿钰最后笑嘻嘻地说：“只有在压力转化为动力的时候，才能看到明显的进步与变化。”

灵感来自生活
聚焦与落地
都关乎创作者本身

他们始终坚持“力求做自己的原创内容”。在创作过程中，“饼干小队”也会接到一些品牌的广告邀请，那么，在内容创意与品牌广告的推广需求有冲突时，该如何处理？对此，“饼干小队”的回答是：每个人都深知，我们的初衷是要坚持做好的内容，因此我们会坚持自己的原则底线不让步。我们理解广告方的诉求，同时也会结合自身账号的特性进行适配。

在他们接下的所有品牌广告中，数据绝佳的是阿玛尼新上架的口红的广告——与“疯产姐妹”合作完成的《实习特工的一天》。研究相关数据后，他们发现，中国女性消费者对“提气色”尤为重视，这也是她们最大的诉求之一。女性对于颜色的需求总是随着潮流不断变化，进而也让品牌商对产品在短视频中的表达要求极为严格。《实习特工的一天》延续了“战术名侦探”系列的人物特色，但又保持了妆容与变化的合理性，视频人物前后的反差显得顺理成章，产品成为道具，吻合情节的发展，品牌 LOGO 自然露出，不会让粉丝产生反感心态，整个广告看起来十分温暖。

谈及团队在就品牌广告进行相关作品的输出时，在原创性与创意点上，团队的编导们都有各自的骄傲，而我们从中看到了另一种对传播与表达（新广告形式）的展现与探索。这是他们在内容创作领域的沉淀与想法，也是这群内容创作者永不认输，想要一直往前冲的梦想所在。

KUI'S SPIRITUAL WORLD：I PUT MY SPIRITUAL MONOLOG INTO SHORT FILM

葵的精神世界：用微电影的形式，呈现精神世界的“碎碎念”

受访人 / 葵
撰 稿 / 程晓玲
供 图 / 葵

■ 以荒诞呈现真实

如果说世俗的现实世界和魔幻的非现实世界之间有一面墙，那么葵就是坐在墙上观察的人。他称自己为一个“观察者”——捕捉现实世界中魔幻的一幕，又反过来用魔幻的方式呈现出现实。所以他的视频总是展现出荒诞的色彩。

“葵的精神世界”这个 ID 在抖音有将近 170 万的粉丝。拥有这样粉丝体量的达人账号在抖音并不少见，但是“葵的精神世界”有其独树一帜的风格。他的每一个短视频都像是一部独立的微电影，用独特的视角和人物去讲述一个饶有寓言意味的故事。

比如，有一个视频叫《鸟孩子》，讲述了这样一个故事：

鸟孩子的梦想是当跑步运动员，可父母希望他能学会飞行，于是他很努力地学飞，但是，他断了一只翅膀。有人告诉他，少了一只翅膀的鸟是飞不起来的，他却回答说，如果他飞不起来，那么爸爸妈妈会很失望的。

“你可以问问你爸妈怎么飞啊。”路人说。

“他们也不会。”鸟孩子答道。

话毕，鸟孩子“喔喔喔”地叫了起来，原来鸟孩子是一只鸡。

路人说：“你是鸡的话，飞不起来也没关系啊。”

“可爸爸妈妈希望我能飞起来，我们家就靠我飞起来了。”鸟孩子答道。

“鸡想飞的话，就得狠一点，找更高的地方练习吧。”路人建议。

“我以前也这样想过，但是爸妈觉得太危险了，为了阻止我，就把我的翅膀折断了。”鸟孩子说。

不会飞的家长把孩子的翅膀折断，又希望孩子能飞起来，这是一个荒诞的故事。但妙就妙在，现实里真有这样的家长，自己并非人中龙凤，却望子成龙、望女成凤，用其沉重的期盼使孩子丧失做梦的能力，又把自己未能达成的梦想寄托在下一代身上。而这种魔幻现实，正是“葵的精神世界”捕捉到的荒诞景象。

■ 不想表达别人想要我表达的东西，想表达自己想要表达的东西

葵大学时的专业偏向于静态的平面设计，但他却对视频、特效等动态视觉呈现方式更感兴趣，为了钻研这些“好玩”的东西，葵开始自学与视频有关的技能。

刚毕业的时候，葵像所有的毕业生一样，通过面试找到了一份工作。后来有出资人找到他，邀请他一起创业，于是葵开始了创业的尝试。就像商业化市场里所有出钱的人都是甲方一样，出资人依然是葵的“老板”。不过，问题很快就出现了，出资人规划的创业发展方向与葵的理念不同，而这种不同让葵在工作中慢慢产生了煎熬感。正如葵在其短视频中所说的：“明明当初学美术是因为自己喜欢，可现在做的事都是为了生活。”

他一边做着创业的工作，一边在抖音开设自己的短视频账号“葵的精神世界”，用短视频来表达自己脑海中的奇思妙想。在抖音发布了第一个短视频之后，葵每隔两三分钟就会刷新一次页面，看看更新的点赞和评论。“看到有点赞，我就很开心了。”葵说。发布了四个视频之后，葵发现自己的作品得到了不错的反响，每个视

频的点赞都破万了。在这个过程中，葵也明确了自己喜欢的风格，而且，因为足够热爱，所以他觉得自己能把这件事情做好。“我不想表达别人想要我表达的东西，想表达自己想要表达的东西。”在深思熟虑之后，他辞掉了工作，开设了自己的工作室，迈步，转弯，走上自己更热爱的道路。

他找到曾经的大学校友寰月，又“斥巨资”请客，邀请寰月推荐的朋友“大表哥”加入。在分工上，葵负责短视频的脚本、分镜、剪辑、后期，寰月负责拍摄、调色和工作室的未来发展规划，“大表哥”则负责商务和后勤。葵形容他们彼此的相处模式是“互相照顾”。就这样，三个意气风发的年轻人离开原本按部就班的生活，组成了工作室。

本人退场，让精神世界的小朋友登台

在前期，短视频里的葵笑容爽朗俏皮，拿自己的猫开玩笑，在发呆的时候想念外婆，跟自己可爱的妹妹自拍，这些视频形式上更像是记录生活的 Vlog，粉丝能够直观地看到做视频的这个男孩是个怎样的人。但是，当做视频变成了一个职业后，葵及他的团队需要有更长远的考虑和布局，一直记录自己的生活的话，就无法持续输出丰富且有价值的内容。于是，葵开始倾听自己精神世界的“碎碎念”。

葵在生活中是个不爱交流的人，但他喜欢观察。他会把观察到的人的具象剥离，让他们住进他的精神世界。田园犬先生、装象的猪、躺平少年……这些精神世界的住户成为他短视频里的主角，葵用自己的视觉语言，讲述属于他们的故事。葵把自己藏在了舞台的后方，让他们登场，而这些没有特定指向性的人物，反而更容易使粉丝产生共鸣——这些虚无化的人让粉丝更易将自己代入，或是认为那就是身边的某些人。葵在自己的抖音首页里写道：“没想表达什么，只想讲点什么。你看懂了什么，是因为你想看到什么。”他的短视频就像一则则寓言，唤起了一个个粉丝心中的“哈姆雷特”，但其实，他在创作时并没有刻意去赋予作品复杂的构想或深层的意义，他只是一个观察者。越艺术的人，心灵越纯粹，葵只是将观察到的世界中的某一类人展现出来，“觉得有意义的是别人”。

葵的短视频有时会让看的人联想到更深沉的含义，大概是因为其视频视角独特、风格怀旧，细看之下似有新浪潮电影“主观的现实主义”的意味。在拍摄短视频《保质期》之前，葵并不熟悉王家卫，但是在知道了王家卫之后，葵惊觉“我们两个怎么这么像？原来这么久之前已经有这样的导演了”。而王家卫，也正是深受法国新浪潮电影影响的导演之一。

我还是会一直做视频

“葵”这个名字，会让人联想到面向太阳的花，以及其在背后投下的阴影。葵毫不掩饰的天真、可爱，以及自信带来的骄傲，让他在这个大部分人都戴着自我保护的面具、规行矩步的世界里显得有一点奇怪。李诞说他“一边瞧不起这个世界，一边又很想跟这个世界沟通”，说“他的这个精神世界非常奇怪”。但葵奇怪得恰如其分，这使他既能够融入世界和周围的环境，又显得独树一帜。葵在他的视频里说过：“我愿永远保持敏感，细致入微地去感受这个世界的一切。”“永远”是诺言中难以实现的部分，也是最难达到的境界，因为，人只要活着，就总有身不由己的时刻。在万物都呼啸而过的时代，保持初衷变得尤为艰难。而葵表示，即使有一天“葵的精神世界”这个账号无法再经营下去，自己还是会做与视频有关的东西。

interview 葵

“我的工作其实不只是做视频。我的这份工作其实就是‘表达自己，让观众满意’。”

葵抱着想要“表达自己”的初衷开始创作短视频，既经历了对内容创作的思考，也面临过需要在妥协中前进的情况。作为短视频的内容创作者，葵跟我们分享了他及团队成员的初心、经历以及关于创作的想法。

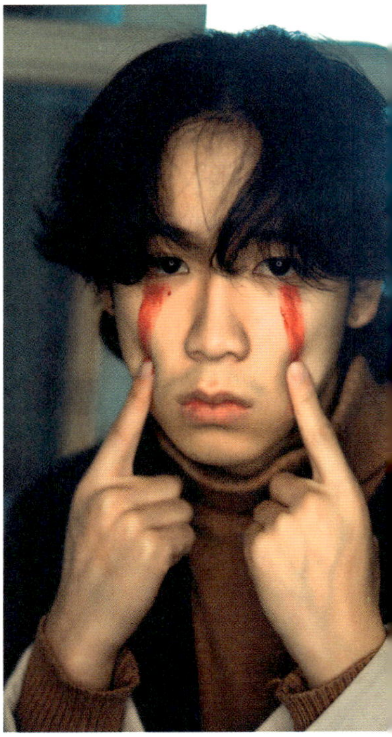

发声体：你刚开始做视频的那段时间心情怎么样？

葵：发布前四个视频时我还处在第一次创业的阶段，那个时候，有点赞我就很开心了。发布了第四个视频之后，我就跟老板提离职了，我说我觉得我完成不了你要的目标，没想到之后视频就火了。那个时候我又开心又尴尬，事情就是这么奇妙。

发声体：你的视频一开始没有固定的样式，但从 2020 年 2 月起开始用红字标题做封面，6 月开始有了最后的定格画面和视频编码。是什么促使你有了想要规范化生产的念头？

葵：在疫情刚暴发的时候不能出门，我就一个人在网上学了一些电影的拍摄手法。我总是愿意去学新的东西。原本的视频风格大家总有一天会看腻，我自己也会做腻，所以我会不断学习新的东西，而我学了什么，我的视频就会变成什么。我是什么样，我的视频就会变成什么样。

发声体：你觉得你跟你的粉丝之间的关系是什么样子的？

葵：我觉得我爱粉丝，粉丝也爱我。我的粉丝黏性挺高的，我抖音的五个数据中，播放量、完播率、粉丝竞争和投稿活跃度都挺低的，但是互动指数特别高。我觉得他们是真的爱我。

发声体：和粉丝之间有没有发生过什么事情？你会记住某些粉丝吗？

葵：刚开始做视频的时候会接触一些粉丝，跟他们聊聊天，也接触过一些比较特别的粉丝。我记得有一次我的一个粉丝想自杀，我就给他打电话，聊了一个晚上，讲了一些“人生鸡汤”。现在偶尔还会聊一聊天，他现在好多了，我感觉挺欣慰的。但是有很长一段时间，在他还没有好起来的时候，我觉得挺沮丧的，那段时间我就不想再跟粉丝聊天了，我觉得我改变不了什么，我只想默默看着。

发声体：你抖音主页中“没想表达什么，只想讲点什么” 这句话乍看之下是矛盾的，你想传达的具体意思是什么？

葵：李诞说过一句话：“不是我幽默，是你们爱笑。”他说脱口秀的时候，如果台下全是不想笑的人，他说得再搞笑也没用，因为大家都不想笑。台下坐的正好是想笑的人，他说的东西又刚好击中了他们的笑点，然后台下的人才笑。而且可能每个人笑的点还不一样，有的人笑的是演讲者在台上出糗，有的人笑的是演讲者的稿子，有的人笑是因为他联想到了他的朋友，有的人笑是因为他联想到了他自己。每个人笑的点都不一样，他们只是在笑他们自己想笑的东西。其实我觉得，越艺术的人，心灵是越纯粹的，他可能根本就没有想那么多，只是做了一些与常人不太一样的事情，想多了的是别人。

发声体：2020 年的时候你去参加了综艺《蓝莓孵化营》，这段经历带给你什么收获吗？

葵：以前我觉得其他人都很普通，我是特殊的，但到节目后期的时候，我觉得所有人都一样，我也和所有人一样。没有必要觉得自己是最独特的，其实每个人都很独特，但也都一样。

发声体：你觉得自己是天赋型选手吗？

葵：我觉得我自己没有天赋，但是很多人说我有天赋。我不是专门学这个东西的，但是做这个东西的时

候上手很快。原因可能是因为我简单。我想做的这些事情占用了我绝大部分的时间，我静下来的时候也经常是在思考这些事情。我花在这些事情上的时间是很多的，虽然别人可能没有看到。

发声体：你有没有思考过艺术家应该是什么样子的？

葵：我觉得艺术是会变的，每个时期的艺术都是不一样的。越纯粹、越好的艺术家，他们越是不会觉得自己做的是艺术，而是认为自己只是在做正确的事情。我觉得在做自己认为正确的事情的人就是艺术家。

发声体：你们有没有想过要去表达什么方面的内容？

葵：后期我们的视频越来越偏向于讲一个故事，我们并没有试图通过故事主观地表现这个世界好或不好，你是什么样的人就会理解成什么样。但是，我还是不太希望看到大部分人对故事有负面的理解，因为那样就意味着绝大部分人都觉得这个世界不好。我更希望每个人看到的都是比较阳光的东西，即使剧情可能有关于死亡或其他一些深刻的东西，他们依旧觉得这个世界还是挺好的。世界有很多面，你可以选择。

发声体：做视频这件事你喜欢吗？

葵：现在做的事情就是我最喜欢的。

发声体 有没有想过尝试做别的事情？

葵：也想去打拳、唱歌、跳舞之类的，不过就只是一些业余爱好。我的工作其实不只是做视频。我的这份工作其实就是“表达自己，让观众满意”。所以，当我学会了唱歌，学会了打拳，学会了跳舞之后，我可能会把这些东西加入我的作品里，也会变成能够“表达自己，让观众满意”的东西。

发声体：接到浙江卫视《蓝莓孵化营》的邀约的时候，你们当时的想法是什么样的？

葵：接到导演组邀约的时候，一开始我们是拒绝的，之后导演说既然你们在杭州，我们也在杭州，那么不如干脆一起吃个饭。聊了聊天之后，我们就决定去试一试。

发声体：他们是怎么说服你们的？

葵：他们说这个节目的商业性质没有那么强，他们其实还是很在乎选手作品的。我们深思熟虑之后，觉得刚好可以借此机会接触一下新的人、事、物，就去了。

发声体：目前最满意的作品是哪一个？

葵：我觉得我最满意的作品就是第一个视频《猫》，因为这个视频最真实。这个作品涵盖了我当时的稚嫩，也涵盖了我当时的生活状态，我当时就是只有一只猫，没有钱也没有太多朋友。写脚本的时候我没有抱着任何目的，只是想表达。我的初衷就是为了表达自己。

YILISHAZI：
I FIND A WAY OUT WHEN MY CONTENT WAS HATED

一栗莎子：
内容“向下”，有点“心机”又何妨

受访人 / 一栗莎子
撰 稿 / 曾茜
供 图 / 一栗莎子

“颜值颇高”“数据亮眼”“广告商宠儿”是粉丝和大众给颜值达人贴上的标签，但在内容创作行业，“颜值达人”这个词对于部分内容创作者来说是一个极具贬义的否定词。当内容创作者选择“向下”，其所见到的世界、遇到的阻力、生活的变化又将是怎样？“一栗莎子”正在探索。

在短视频世界里，她将自己“一分为二”：一面是“茶艺表演艺术家”（自封的称号），是用视频记录生活的日语达人，是甜美又犀利的美少女“一栗莎子”；另一面是精致专一、“可盐可甜”的颜值美女“一栗小莎子”。大号立体包容，不断探索；小号放大颜值特质，一朝爆火。“一体两面”的她，在自己摸索出的发展之路上，终于被更多人看见。

■ 破解流量的密码

一袭蓝色针织裙，面对镜头小幅度舞蹈，摇摆之间难掩热辣身材，外形清纯甜美，洗脑的音乐……这是众多粉丝与“一栗小莎子”第一次“相会”留下的印象。

正是这个短短数十秒的视频为“一栗小莎子”带来了 300 多万点赞与百万粉丝，甚至以强大的视觉冲击力让她收获“蓝衣战神”的称号，其作品从此被加入无数宅男的收藏名单。自此，莎子似乎打通任督二脉，“战衣”加身，系列数据量均远超此前的视频。

虽然在平台走红只有几个月，但实际上莎子创作短视频已有 4 年时间。在抖音还是技术流和手势舞当道的 2018 年，莎子就与短视频有了初次接触，她录下了一个简单的对口型视频。该视频发布初期的点赞和评论数据已经不可考，因为庞大的“考古观光粉丝团”已占领了评论区，纷纷在评论区留下自己的足迹。这条视频下，有粉丝发出感慨：“十年 JK❶ 无人晓，一朝蓝衣天下知。”

对此，莎子很坦然，她说：“创作者当然会选择做观众更喜欢看的内容啦，所以数据会是一个重要参考项。”但她同时也在做自己喜欢的内容。“说了你可能不信，我家真的本来就有很多这种类型的衣服。”不过因为害怕遇到“body shame 事件”❷，她通常只会在家里偶尔穿上这些衣服，更多的时间里，这些衣服只能在衣柜里吃灰。“这次穿‘蓝色战衣’能够得到大家认可，感觉衣柜的衣服都有救了。”莎子笑道。

视频里让粉丝疯狂的“蓝色战衣”于如今的莎子而言，只是衣柜里再正常不过的一件漂亮衣服，但这件衣服正是破解流量的密码之一。

❶ JK：穿日式高中生服饰。
❷ body shame 事件：因身材外表引起的负面评论。

有点“心机”又如何

《恋爱有点心机又如何》是日本的一档综艺节目。该节目以“心机”作为关键词，邀请嘉宾对真实案例的视频进行讲评，教导观众如何透过“小心机”俘获喜欢的人的芳心，比如如何巧妙地使用“反差萌”、用直播吸引粉丝的绝招等，被网友戏称为日本“茶艺”❶宝典。

这档节目润泽了在日本当交换生的莎子的枯燥生活，也让她敏锐地观察到，这样的中日文化差异或许会是一个非常不错的创作题材。很明显，在“一栗莎子”这个账号前中段的创作内容（如《日本女生》系列）中，浓缩了她对于日本“茶文化”最直观的观察。莎子在“茶艺”模仿视频中，对于部分日本女性模仿得惟妙惟肖，让观众在“手脚蜷缩”的同时又不得不赞叹其模仿能力，“不怪男人喜欢‘绿茶’，我也喜欢”是女粉丝们的总结评价。对于粉丝的认可，莎子是开心的，这从她简介里自封的“茶艺表演艺术家”称号便可窥知一二。

在抖音，莎子的大号“一栗莎子”主要发布一些结合日常生活内容的创作段子、模仿秀、舞蹈等“大杂烩”视频，小号“一栗小莎子”则专注于发布换装舞蹈类内容。相比起小号“一栗小莎子”走精致且专一的颜值路线，大号“一栗莎子”所呈现的她显然更立体，似乎什么样的“莎子”都能被包容。

在用视频呈现中日文化差异、发挥日语专业特长、分享喜欢的穿搭的3年里，莎子的大号逐渐累积了400多万粉丝，小号也吸引了900多万“颜值粉丝”。“双线并行”尽管烦琐，但也让莎子有了更多的展现窗口，也让莎子没有因为变现、流量等问题而泯然于众多创作者中，这是她从微博时代起便拥有的习惯，既是她的生活方式，也是她在新媒体行业的生存之道。这时候，有点“心机”又如何?

❶ 此处的“茶艺”是网络流行语，指用虚假做作的方式哄骗对方以达到情感方面某种目的的行为。哄骗者通常处处体贴，但其实背后是处心积虑、善于心计。

当内容创作“向下”

2021年4月5日是莎子短视频生涯的重要节点。这一天，她以一袭蓝色针织长裙“收割”了大批粉丝。这位深耕短视频4年的“95后”杭州妹子，也是头一次迎接如此汹涌的流量。

趁热打铁，“一栗小莎子”的“皮肤”换了一套又一套，更新频率也超越了“一栗莎子”。除了大号的创作内容需要时间构思外，巩固现有粉丝，顺势而起，也是其小号更新频繁的重要原因之一。努力总是有回报的，从4月至今，“一栗小莎子”账号的各项数据一直保持着增长态势。

外行看热闹，观众们虽把“小爱心”给点亮了，但对于颜值类内容的评价却多是质量不高的。除了略带“颜色”的评论，在莎子的私信里也多了很多并不礼貌的“问候”。这也让原本对于粉丝体量变化不太敏感的莎子惊觉，原来粉丝量已经成倍增长了。第一次看到恶评私信的莎子当然没有什么好脾气，她还记得当时在气愤之下，肾上腺素飙升的感觉。但良好的家教不允许她“以牙还牙”，她不想引导网络暴力，也不喜欢祥林嫂式的抱怨。莎子只是用尽可能幽默的方式来叙述事件本身，然后为私信她的网友送上拉黑、举报“一条龙服务”。善于自黑、为生活烦恼的莎子，比起视频里精致的那一个，又有着不一样的情绪感染力。

“能给别人带去正能量，是一件很幸福的事情。”比起招来恶评，莎子更在乎粉丝们的感受。看到有粉丝在面临求学艰难的困境时因为她的视频或者照片得到治愈，是最开心的时刻之一，因为在她读高中时，也曾经有一位配音演员为她带去鼓励。如今，她也成了温暖他人的火。

在大众标准中，走向颜值路线的莎子，创作的内容无疑是“向下”行走的。事实上，对于未来发展，莎子已经有了明确的规划和想法。

目前，舞蹈变装视频依然在她的拍摄计划内。在镜头前展现自己美丽的一面，莎子并不觉得这么做如恶评一般“很可耻”。她只是在分享生活，她只是在展现自我，她只是在进行内容创作。“能够抓住流行趋势对内容进行一定的调整和创新，我觉得也是短视频创作者需要具备的素质。”她直言。对于趋势和内容方向的把握，莎子有着自己的一套法则。“怎么说呢，只能说观众的口味也在改变吧。

比起小剧情，跳舞变装这种直接刺激感官的视频可能更吸引观众，但是谁能保证观众不会审美疲劳呢？”在追寻流量和变现的过程中，因为观众审美疲劳而“死去”的创作者不知凡几，而莎子已经坚持了 4 年，除了因为热爱之外，她也摸索出了一套自己的生存法则。大众眼中的内容“向下”，也只是她心中早有的计划之一。

至于未来？“敬请期待吧！”

As for the future?

"Please look forward to it!"

interview 一栗莎子

比起内容创作，莎子更喜欢聊她的日常。生活给了她活跃于线上的元气，也是她创作的灵感之源。

Japanese language 关于日语

发声体：还记得是什么时候、怎样接触到日本文化的吗？

莎子：其实最早接触到日本文化的时候是小学，那时候日本动漫非常火，特别是《犬夜叉》和《火影忍者》（暴露年龄了）。

发声体：你的专业是与日语相关，当时选择它是因为爱好吗？还是考虑了就业因素？

莎子：初中的时候对日语还是很感兴趣的，当时我就自学了五十音图。后来因为学业原因搁置了，但是对日语的喜爱还是一直在的，所以大学填志愿的时候也考虑了日语专业。我们学校的日语专业在浙江省是排第一的。

发声体：当爱好变成学习，会不会有不一样的感受？

莎子：这个问题就像很多人现在会问我“日语难不难学”一样。一门语言——包括一件事情——也是一样，你感兴趣就一定能学好、做好。我觉得（感受）就是在学习的时候动力更足了，是自己主动想去学习。

发声体：有人说日语学习最困难的阶段是在中后阶段，你的感受是怎样的？有没有什么“小窍门”给正准备学习日语的朋友呢？

莎子：因为日文里的平假名、片假名很多都源自汉字，所以中国人学日语还是有一定优势的，但是想要学到很地道的日语，像日本人一样说话，还是需要下很大功夫的。对于初学者来说，语音、语调一定要打好基础，不然后期很难改变，建议多看日剧培养语感。

发声体：你在做交换生期间成了日本《瑞丽》杂志的读者模特，当时怎么会想到去报名参与？竞选过程中有没有发生什么令你印象深刻的事情？

莎子：我一直都很喜欢日系的穿搭，也很喜欢看杂志。我记得那天我躺在学校宿舍的床上看电子杂志，刚好看到招募的消息，我想我就在日本，为什么不去试一试呢？我觉得人生就这么一回，喜欢的东西就应该大胆去尝试。于是我谁也不告诉，悄悄地去报了名，心想能上最好，不能上反正别人也不知道，不丢人。现在我还是很感谢当时的自己的。竞选过程中让我印象最深刻的是去参加二面的场景。当时是冬天，我穿了一件自以为很可爱的黑色连衣裙，结果到了现场一看，周围的日本女生都穿得粉粉嫩嫩的，就是有那种香香软软的感觉，我在她们当中就显得特别奇怪，而且那天我鼻子上还长了一个巨大的痘痘。当时觉得自己可能就是来搞笑的，肯定没戏了。

发声体：在日本的交换生生活对你的内容创作产生了哪些影响？

莎子：能够感受到中日在生活、文化上都有很多差异，这些差异也是创作的灵感之一吧。

Dressing experience 穿搭心得

发声体：你觉得你的穿搭风格是走什么路线？

莎子：在日语里的专有名词叫“好嫁风”——这在国内可能是个贬义词。具体来说就是偏淑女、乖巧的穿搭风格，长辈尤为喜欢的那种。

发声体：聊聊营造“日系风”的关键吧。

莎子：其实“日系风”是一个很笼统的概念，下面又有很多风格的分支。我常穿的这种风格可以“扬长避短”，“甜而不腻”。

发声体：有没有什么外物对你的穿搭风格产生了阶段性的影响？

莎子：日杂（日本杂志）算吗？

发声体：穿搭风格是在什么阶段成型的？其中有什么影响了你的风格？

莎子：我的穿搭风格可能是在回到国内帮一家淘宝店拍摄广告后成型的，之前是偏低龄化一点的穿搭，后来穿了她家的衣服拍摄，感觉那种“轻熟”类型的穿搭也很适合自己。

发声体：“蓝色战衣”算是成了一个系列，当时是怎样决策的呢？

莎子：说了你可能不信，我家真的本来就有很多这种类型的衣服，但是因为“body shame 事件”，不太敢穿出门。这次穿“蓝色战衣”能够得到大家的认可，感觉衣橱里的衣服都有救了。

DANNY RAY: ACTUALLY I AM AN ACTOR

芮丹尼：其实我是个演员

受访人 / 芮丹尼
撰　稿 / 张翼翱
供　图 / 芮丹尼

当你走近芮丹尼时，你会发现他身上有着很强烈的矛盾感——他执着于演员行业，却屡屡碰壁，打发时间拍视频却进入平台头部；他出生于拉脱维亚，求学于美国和英国，却最终在中国实现了梦想；他靠夸张的肢体动作和情节反转的喜剧成名，私底下却不善言辞，甚至会有些严肃……

他拍得最快的一条视频，从构思到拍摄完成，不过花了 5 分钟。他几乎没有计划，想到什么就拍什么。不受计划拖累和具备旺盛的创作欲让他拥有庞大的粉丝体量，但对于他来说，拍摄短视频却非自己所愿，用他非常喜欢的周星驰在《喜剧之王》中的一句台词来说就是："其实我是个演员。"

■ 我想当演员

执着的人不一定成功，但成功的人一定执着，因为成功总是在经历 99 次的失败之后，如果一个人不执着，那么如何能忍受得了 99 次的失败？

芮丹尼演员梦的缔造者其实是他的妈妈。受妈妈的影响，他从 7 岁起就在学校参演舞台剧，后来妈妈又送他去学画画和音乐。他对这些都非常感兴趣，因为他觉得它们可以带他进入到一个依靠想象力创造一切的世界，那是最吸引他的地方。15 岁时，妈妈给他报了影视表演的培训班，培训班的老板是影视行业出身，这使年纪尚小的他便有了参与演出

影视剧的机会。随着参与演出次数的增多，他愈加认定做演员就是他这辈子要做的事。

他就这样一边实践一边学习了两年多。高中毕业后，他前往美国进修表演。好莱坞的金色大门对那时怀着一腔热血的芮丹尼有着致命的诱惑——他并非贪图那红毯上的光鲜亮丽，只是对自己可以获得更广阔的创作空间感到兴奋，他认为那里是他毕生梦想的实现之地。然而，在好莱坞，希望与绝望是交织在一起的，他刚看见了希望，就体验到了绝望。

那时的他迫切地想要留在美国，但他心里也十分清楚，年纪小、没有成名作、没有背景的他很难混出头，所以当一家承诺帮办绿卡、给角色的公司要跟他签约时，他毫不犹豫地答应了。这一切的代价就是需要支付昂贵的费用。但那时的他年纪还很小，无法支付这笔费用，于是只能求助于妈妈。妈妈为此贷了一笔款并汇给他，结果，等待他的不是梦想即将实现的喜悦，而是那家公司“跑路”，不知去向，他所有的钱被一卷而空。

就在被骗之前，他已经与 Netflix 的制作人接触，定下了一个男一号的角色，可恰巧他的签证即将到期，回国补办前后需 3 个月，作为一个可替代性很强的新人，他不出意外地出局了。“我们很喜欢你，但我们真的等不了你。”制作人对他说。就这样，怀揣梦想的芮丹尼在实现梦想的道路上被迎头重击，钱没了，签证没了，绿卡没了，机会没了，什么都没了。

每个人都有梦想，但在实现梦想的路途上是要经受考验的。受到重击的他不得不重新思考自己是否真的适合走演员这条路。那时所有人都跟他说“你不行”，他虽然很倔，但在残酷的现实面前，他不得不接受这个评价。得知钱被骗光的妈妈极为气愤，芮丹尼也深知，如果再说要当演员，妈妈可能就要崩溃了。在现实与梦想的博弈当中，梦想终究败下阵来。

认清现实的他离开了美国，在英国学习商业会计。在那里他的成绩很好，几乎都是前三名，但没多久他就对这种生活厌烦了。他讨厌那种一眼可以望到头的生活，键盘敲打出的每个字仿佛都是他正在飘逝的灵魂碎片，可他没有办法，只能将那句“我想当演员”憋在心里。

■ 狼与羊

如果硬要在那段悲惨经历里找出一抹亮色的话，那可能就是芮丹尼的中国女友了。

在英国学习商业会计的时间里，他认识了一个中国女孩，并迅速地坠入爱河。课程结业时，女孩的父母希望她回国发展，几乎不会中文的他就这样跟着女孩来到了中国。离开演员行业许久的他努力让自己不再回想曾经执着的梦，开始正常的生活，但当时正在做营销工作的他对这个行业实在生不起哪怕一丝喜欢，他觉得自己如果一辈子这样下去，还不如不开始。每天都做着重复工作的他感觉脑子里的“火花”在逐渐熄灭，身上的棱角被慢慢磨平，心中仅存的那点火还在燃烧，但看起来也逃不过熄灭的命运。

为了留在中国，芮丹尼开始在大学里学习中文。有一天，一个美术班要拍毕业作品，问他想不想演，没有钱拿的，他毅然决然地答应：“不要钱不要钱，让我演就行。”来帮忙的圈里人看这个“老外”演得还不错，中文也流利，就与他互相留下了联系方式。没过多久，一个北京的剧组来他所在的城市选演员，想在本地找到一个中文好的外国人，经他人推荐，芮丹尼面试上了那个角色。那是他在对走上演员之路失去信心后获得的第一个角色。一切都来得刚好，此时，他心中那团火焰还没熄灭。

经朋友介绍，芮丹尼认识了导演焦洋，他拍摄的多部网络电影都成绩不俗。焦洋看过芮丹尼之前演的戏，于是给他在自己的新戏《快递侠》里留了个角色。焦洋是个非常严谨的导演，一个镜头甚至可以反复拍上 40 次，但芮丹尼的戏份却经常可以一条过，这让焦洋对这个外国人有了好感，所以除了戏份的探讨，他也会跟芮丹尼聊聊剧本。芮丹尼觉得导演认可他，便一股脑地把自己的想法都说了出来。让他没想到的是，焦洋居然真的根据他的建议对剧本做了修改（如今影片的结局就是采纳了他当时提出的建议），这让他备受鼓舞。他高兴于不用再因为那千篇一律的工作而终日郁郁寡欢，更欣喜于自己的演员梦终于有了实现的可能。

这次合作之后，焦洋把芮丹尼带到了北京，由此，他认识了公司老板，也认识了不少圈里人。随着时间的推移，越来越多的剧组认可他的表演，越来越多的人来找他演戏。他正式走上了演员之路，可以创作，可以燃烧他心中的“火”，可以不用担心被骗，更重要的是，可以让母亲放心。

2020 年初，受疫情影响待在家里的他接到了经纪人的电话，说张艺谋的电影里有一个外国人的角色，问他要不要来演。当时，他听到张艺谋的名字后，后面的话都不想听了，毫不犹豫地答应了，因为他小时候看过张艺谋的《英雄》，大受震撼，所以只要导演是张艺谋，让他演什么都行。为了三天的戏，他前后被隔离了一个月。说起这段经历，他开玩笑地说：“如果重来一次，我可能就不去了，隔离的一个月太难熬了。”话虽如此，但听他讲述这一路走来的经历后，我十分断定，如果重来一次，他还是会去，一定会！

在接受采访的时候，芮丹尼说了一个狼与羊的故事：在草原上即使有一万只羊，最显眼的永远都是狼，因为一万只羊都是一个样子，一生都在吃草，可狼不同，它们战斗到底，它们永不屈服，不被驯服，它们永远都会为了自己的目标去战斗，直到死的那一刻。

说完这个故事，他表情严肃了起来：“我不想做羊，我想做狼。”

■ 严肃的人

中国的视频网站上有很多外国人制作的分享外国日常和表现中外差异的视频，这些外国创作者的

● 《小娘惹》 芮丹尼饰演保罗

视频标签都在主打“文化差异”这一概念，但无论是在影视剧中还是在短视频里，芮丹尼都鲜少传达这样的思想，他有着自己的想法。

“我在国外时对中国的了解非常少，只是从小看李小龙、成龙、李连杰的电影，使得我对中国文化很感兴趣，觉得武术非常美，这也是很多外国人对中国最原始的认知，也因此对中国人产生了刻板印象。没来中国前我觉得无论是人种、文化、生活习惯都很不一样，相处上一定会有障碍，但当我学会中文，能够与大家交流之后发现，大家都是一样的，本质都是人，并没有任何不同。外国人有妈妈中国人没有么？中国人不吃饭么？不，大家都是一样的。”

如今芮丹尼的抖音粉丝量将近 1500 万，如此庞大的粉丝体量增加了他的知名度，也让他接到了更多的片约，但这一切都源自一个囊中羞涩的夏天。那年，他刚在影视圈有了些人脉，接到一些小角色，当时他参演的戏停拍两个月，而他的钱包里空空荡荡，他只能待在横店的剧组中。

有一天，他看到一个助理发布了一条抖音视频，视频里，助理跟着 BGM 表演出一段剧情。这种开放式的创作让他找到了打发时间的好方法，然后就这么“误打误撞”地一步步走到了今天。

那个曾经热血追梦却屡屡碰壁的少年在异国他乡开启了自己的演员梦，演戏和拍短视频两条路相辅相成，让他不复当初的窘迫，给予了他更大的创作空间。在签约游良文化之后，老板对他的创作欲望给予了最大限度的支持，要人给人，要钱给钱。一部构思了很久的情景喜剧在老板的全力支持下逐渐成型，剧本几近完成。剧名暂定为《格局大饭店》，预计拍摄三季，主要讲述不同年龄段的人在追梦路上遇到的事情。对观众来说，看这部剧只是看个热闹，但对芮丹尼来说，却是他多年梦想的落地。

如果说他在演戏上的指引者和目标是周星驰和金凯瑞的话，那么在创作上，他的指引者和目标是张艺谋。他看得懂张艺谋电影里深刻的内涵，并折服于电影里精益求精的细节和挖得极深的人物，这些都给了他创作上不同角度的思考，他说，自己的作品可以荒诞但不能干瘪，一部作品有内容、有深度，在创作时满足自己，在完成后尊重观众，才是好作品。

说这些话时，芮丹尼表情放松但语气严肃。这样一个对自己所热爱的东西时刻保持严肃和严谨的人，无论他所创作的作品的外在表现形式是怎样，都值得被尊重。

interview 芮丹尼

“我不想当被磨平棱角的‘羊’，我想当‘狼’，因为我觉得人是需要棱角的，有棱角代表有执着，棱角被磨平就只剩下麻木了。”

关于创作，芮丹尼几乎不做计划，灵感来了立刻就拍。在这种情况下，他能迅速积攒起庞大的粉丝量和保持高频率的更新让人吃惊。我们很好奇，在如今成系统的短视频行业里，他是如何看待创作和作品的？他又有哪些独特的想法呢？

发声体：是否遇到创作瓶颈？是怎样应对的？对账号是否有明确的规划？比如整体风格、调性等。

芮丹尼：我自己觉得是没什么瓶颈的，我说了，我很享受创作这个过程。当时做抖音的时候完全是因为爱好，觉得有意思。我喜欢创作，创作对我来说是快乐的过程。我看到好玩的东西，突然有灵感了，就拍，也没有什么计划。

刚起号的时候就纯粹（把拍短视频当作）爱好，也没有规划性地更新，后面粉丝多了就没有以前那么自由了。没什么灵感的时候可能就会去看看金凯瑞、周星驰的电影，也会看看评论。有些评论真的很有意思，看到我觉得特别好的，我还会根据评论重新拍一条。

发声体：短视频平台的竞争越来越激烈，你认为你有什么优势和需要改正的地方吗？你又是如何看待这个行业的？

芮丹尼：我的优势就是思维灵活，另外我更多是把拍视频当作爱好而不是工作，不是一定要达到什么目标，所以创作上会更自由，心态上也会更放松。如果要说有什么需要改正的地方，那就是有时粉丝会说不太懂某条视频想表达的意思，我就会去复盘，要是真的没有表达清楚，那么我会重新拍。我的作品我可以把控，但我没办法去影响行业。任何一个行业都一定是利弊共存的，短视频行业也是一样。你拍出好作品，观众是看得到的，同样，如果你敷衍观众，那么你很快就会被遗忘。这跟网络时代的快速迭代有关系，但我觉得更重要的还是内容吧。

发声体：每条视频的拍摄周期和前期准备工作是怎样的？作为头部达人，粉丝多了之后难免众口难调，如何看待这种情况？是坚持自我还是做出改变？为什么？

芮丹尼：大多数视频都没有固定的拍摄周期和准备工作。比如我经历了一件事或者我看到一个人，有灵感了，立刻就会着手拍摄。拍得最快的一条视频，从构思到拍摄，5 分钟内就完成了。我觉得一个人或者一件事永远不可能做到所有人都喜欢的。我举个例子，金凯瑞和周星驰非常有名，艺术成就也很高，但一样有人不喜欢他们，可他们放弃创作了吗？我虽然远远不能跟他们相比，但我跟他们一样都是创作者，我不会因为别人的喜好而改变我自己，如果别人说这里不好我改一下，说那里不好我又改一下，那么这个作品一定非常差，因为它只是个没有灵魂的“补丁作品”。

PLATFORMS AND CREATORS: THREE PERIODS OF HISTORY, THREE RELATIONSHIPS

平台与创作者：三段历史，三种关系

特约撰稿 / 刘晟希
供　图 / 快手

YY 与天佑，冯提莫与斗鱼，papi 酱与微博，李佳琦、薇娅与淘宝直播，何同学与 B 站……回顾互联网发展的各个时期与阶段，优质创作者与平台互相依赖，也相互成就。

平台喜欢扶持契合自身生态气质、调性与价值观的创作者；创作者会选择适合自身方向与优势的平台发力，持续性耕耘。当然，就像恋爱中的男女，并非每一个创作者都能和自己起步的平台甜甜蜜蜜地走到最后，中间难免经历磨合期、蜜月期、冷静期甚至分离期，双方的需求在各个阶段也在发生着变化。

在优质内容愈发稀缺的今天，平台也在不断增强自身对创作者的系统服务能力，从最初的流量供给、平台补贴、流量分成，到如今愈发丰富的广告植入、种草带货、知识课堂、付费专栏、电子书版税，那些更快、更全面构建商业变现通道的平台正在受到越来越多创作者的欢迎和青睐，成为"万人迷"和"香饽饽"。

■ 1.0 阶段：流量扶持、规模 BD，在红利期野蛮生长

2021 年，优质内容的制作成本被抬高，平台对高质量创作者的需求不降反增。

所有平台保持增长和活跃的关键都在于有源源不断的优质内容供给，而内容供给的核心即是优质创作者的规模与质量。

很多平台在启动阶段或者说新的内容垂类初始建设阶段，往往以高流量扶持为核心抓手，对外吸引大量创作者入驻。由于创作者数量少，竞争压力较小，通常在该阶段入驻的创作者能拿到平台更多的流量扶持，涨粉起号较快，也有 MCN 机构会看准平台的发力领域，大规模孵化与签约相关领域的创作者，帮助平台实现批量引入，同时拿到平台更具诱惑力的资源包，与平台深度绑定。

抖音早期的强势崛起离不开 MCN 机构的鼎力配合，包括无忧传媒、华星酷娱、大禹网络、洋葱视频等在内的国内顶级 MCN 机构几乎都是在这个阶段完成第一轮发力与原始积累。"平台指哪，我们就打哪。"有 MCN 机构创始人表示，帮助平台批量引入和孵化创作者，本质上是一件互惠双赢的事，很多垂类的大 V 创作者都是在该阶段入驻，完成了前期的快速积累，而后入局者则往往需要拿出更高水平的内容和更强的个人特色才能获得关注。

这一阶段平台常用的手段不限于 MCN 机构合作，创作者扶持计划（流量扶持），商业权益（门槛降低、额外返点、高额返佣等），现金奖励（如青云奖、大风奖等），现金签约，挖角特别邀请引入等。该阶段的平台运营指标通常为拉新数量、涨粉情况，即大 V 账号数量。

同时，这一阶段有一些特征值得注意：种子用户决定了平台氛围和后续的用户属性。如知乎的种子用户为互联网产品经理和程序员，这奠定了其理性、思辨的社区氛围；小红书的种子用户为职业代购群体，这奠定了其以美妆护肤为主，带有种草和测评的社区内容；而抖音以艺术院校小哥哥、小姐姐为早期创作者的历史则孕育了时尚、年轻、娱乐的"抖音范"；以东北广大三四线城市及农村地区群体为早期创作者的快手则孕育出了"老铁文化"。

2.0 阶段：平台烙印，深度绑定，商业化探索

当完成了前期的创作者规模引入目标后，平台对创作者的运营重点会向精细化与商业化的方向转变。最直接的表现就是推出有明显平台烙印的大 V 创作者”和帮助更多创作者规模化变现”。

“平台需要更契合自身气质、调性、价值观的大 V 创作者站到台前，在讲述他们的涨粉心得、变现情况的同时也悄然帮助平台完成了‘破圈’。”有业内人士表示，几乎所有的主流流量平台都很重视原生达人的宣推，输出用户故事。

比如抖音喜欢讲那些年少成名的流量型红人的故事、MCN 机构的故事，快手喜欢宣推那些因为被关注而改变命运的普通创作者，B 站喜欢让代表更年轻化、知识化表达方式的何同学、半佛仙人等站到聚光灯下，喜马拉雅也在不断宣推自家有声书方面的代表人物紫襟。

这一阶段，更能抓住官方重点，配合官方节奏，和官方互动性更好的创作者会获得平台力推和重点运营。反向来看，凡是做得不突出的平台都缺乏带有自家平台烙印的创作者，如大鱼号、百家号、一点号等，创作者一稿通发，“脚踏 N 条船”成为行业的普遍现象，创作者没有融入平台生态，平台只充当创作者获取流量的宣发渠道之一，没有黏性，更不存在感情。

可以说，是否有足够多的“出圈”的原生达人、独家创作者是考量这一阶段平台运营情况的一大重点。

另外值得注意的是：平台要系统性解决创作者的规模化变现问题。如果平台无法解决创作者变现的规模化和持续化问题，那么创作者流失就是早晚的事情。

在 2014 年、2015 年的“双创时代”，App 创业浪潮汹涌，有众多 App 产品保持着高增长、高月活，行业一片向好，欣欣向荣，但随着融资潮退去，大批“繁荣中”的公司在把投资人的钱烧完后轰然倒塌，归根结底，是无法解决创作者的变现问题。

有了“双创时代”的历史教训，国内诸多平台开始重视创作者的后续生存和商业链条问题。2017 年前后，各流量平台掀起补贴大战，企鹅号、头条号、百家号、大鱼号、一点号、新浪号、网易号相继发力：先是今日头条拿出 10 亿元扶持短视频创作者；随后腾讯发布“芒种计划 2.0”，宣布拿出 12 亿元扶持内容创作者；阿里 UC 推出“W+ 量子计划”，直接拿出 20 亿元的巨资扶持短视频创作者……但轰轰烈烈的补贴和流量分成并没能从根本上解决商业化的核心问题，很多平台最终补贴不下去了，创作者的收益问题也并没能真正解决。

一些头部平台开始意识到，光靠用户激励和运营策略已经很难留住创作者，商业基础设施的建设开始变得关键。于是，字节跳动推出了巨量引擎，快手推出了磁力聚星，小红书推出了蒲公英，B 站推出了花火平台。

平台要捧出大 V，更要能留得住大 V。对于绝大多数创作者而言，选择内容平台，一是看流量，二是看收益——看谁的流量规模大，谁的变现方式丰富。2017 年，淘宝直播蔚然成风，逆势崛起，现在依旧红红火火，关键就在于其搭建了一个完备的内容生态闭环——淘宝离交易最近，直播内容离钱最近。

从平台的生态演进角度综合来看，处在前端的是高效率的分发渠道和充沛的流量曝光，后端要有更强大统一的广告销售或电商体系支撑，中间才是平台的利润分享政策。

● 快手光合创作者大会

3.0 阶段：签约与出走，微妙关系下的争夺与较量

等到平台为以上两个阶段的问题提供了完备的解决方案时，创作者也完成了自身 IP 的构建，他们不再是一味地依靠和迎合平台，一些头部大 V 创作者开始有了抗衡平台的力量和与平台议价的资本，和平台的关系开始变得微妙，甚至多了几分“不可说”的味道。

这一阶段，平台通常会做两种选择：要么以独家签约的方式更加深度地绑定头部创作者，要么转而扶持新的潜力创作者，有意减少对既有头部的扶持与投入力度。

最典型的案例要数抖音对头部 MCN 机构的“削弱”、快手与头部家族的流量争夺。

很多头部 MCN 机构反映，他们从 2020 年初起就感受到了来自抖音官方的对其大号不同程度的限流。这种直接而显著的压力令很多头部 MCN 机构开始转而寻求在其他平台的生存机会，或将重点转移到整合营销等经营层面。

快手则因早年的野蛮生长和佛系运营，以及私域流量不可控等因素，导致头部家族日渐壮大，流量虹吸效应显著。简单来说就是官方流量没有大 V 流量多，大 V 对流量的把控能力过强。最直接的表现就是官方活动和大 V 活动撞档时，用户更多选择大 V 直播间。

无论是抖音的头部 MCN 机构还是快手的头部家族，本质上都是一种创作者对流量与话语权的争夺，这种创作者话语权的膨胀多少都会令平台感到紧张与不爽，转而培植新的势力与旧的势力相抗衡。双方的摩擦与较量仍会在相当长的时间内存在，但归根结底仍旧是共生与共荣的关系。

在此阶段，大 V 创作者的需求已经超越涨粉和变现两大基本需求，他们会从知名度、影响力、话语权、主流认可度、个人 IP 等方面综合考量在平台的去与留，甚至发生重点平台的转移。最典型的案例即抖音和快手之间对头部大 V 展开的争夺与博弈，其实都是在暗戳戳地较量与拉扯。

头部大 V 的出走对平台而言毫无疑问是一种损失，他们的价值在直播平台的游戏主播和娱乐主播身上体现得尤为明显，PDD、陈一发、冯提莫等具备“出圈”性质的创作者总是“待价而沽”，备受各大平台争抢。

因为这种主播往往有很多铁杆粉丝，一些影响力小的直播平台要想扩大用户数和粉丝数，最直接的手段就是高价挖一线主播，因此很多高人气主播都被平台强制签约。在行业“千播大战”期间，主播跳槽和平台帮助主播支付违约金的事情并不鲜见。但这种频繁挖角的现象无论是对平台还是对整个行业来说都不是好事，说到底仍是行业内的恶性竞争与流量“内卷”。

从 2017 年网传今日头条 3600 万元挖知乎 300 位创作者，到 2020 年“巫师财经”从 B 站出走西瓜视频事件，平台的“抢人大战”仍在不同维度继续上演，背后映射出的是平台的内容焦虑。

2017 年 8 月，有博主发文称今日头条签下了 300 余名知乎大 V，签约之后，他们的收入比普通白领还高，但是签约之后他们的内容不可以再发到知乎上。这也意味着，知乎丧失了优质的内容创作者，将面临每况愈下的境地。这件事情很快引发行业热议和创始人隔空互怼。

2020 年 6 月，原 B 站财经 UP 主“巫师财经”

● 快手光合创作者大会

离开B站加入西瓜视频。网传西瓜视频给到“巫师财经”的独家签约费达千万元级别。随后，在B站走红的“李永乐老师”也被西瓜视频以高额签约费拿下。此外，还有“温义飞的脑洞财经”“捕月说”“科技袁人”“妈咪说”等在B站走红的UP主被西瓜视频签约。而据36氪报道，B站为了抢回知名游戏UP主“敖厂长”，和“敖厂长”签下了金额高达4000万元的合约。

近期，抖音在大力发展本地生活消费业务的同时也在有意无意地吸引和争夺B站的美食UP主。据了解，早期热度较高的“浪味仙”“密子君”“小贝饿了”加入了抖音探店团扶持计划，入驻了抖音官方的探店团，还出现在最新一期的抖音探店团榜单中，这代表着更多中腰部以下的美食UP主正在加速向抖音靠拢。

对于B站、知乎这些内容强势但商业化建设并不充分的平台而言，“被掠夺”已近乎常态，这也在提醒同行，“为爱发电”和“长链路变现”已然无法圈住当下的优质创作者，快速构建商业化闭合链路是很多流量平台亟待解决的问题。

不过，从另一角度看，很多创作者因现金诱惑离开原生长平台和创作土壤后，大多出现“水土不服”的现象，走起了下坡路，风光不复。总之，无论怎么变，平台跟创作者的纠缠关系将一直是所有人关注的焦点。

CHAPTER FOUR

第四章 短视频之下的新消费

新消费品牌，哪个不是既抓住了年轻人的需求点，又主动拥抱新的营销方式？王饱饱、参半无不如是。在短视频等新营销环境下，我们关注新兴消费品牌的成长，看看它们是如何成为年轻人的心头所爱的。

WANGBAOBAO: PUNK REGIMEN OF GENERATION Z

王饱饱：“95 后”的朋克养生之道

撰　稿 / 纱词苏
供　图 / 王饱饱

从 2017 年 12 月到 2021 年 6 月，短短的三年半时间，轻食代餐品牌王饱饱就打败了老品牌桂格和卡乐比，斩获四轮融资，迅速流行于年轻女性消费群体。中国市场从来不缺贩卖身材焦虑的网红代餐产品，王饱饱是怎么“出圈”的?

■ 价值主张：好吃才是硬道理

年轻人的网购习惯是先看评论，买吃的更要看评论，打开小红书、抖音、知乎，都能得到他们想要的答案。除了达人种草，网络上也有人自费做测评。相比瘦身效果，年轻人更关注的是好不好吃，代餐好吃才是他们坚持使用下去的动因。

网友“在谈阳仔”是一个燕麦食品的忠实粉丝，作为“5G 冲浪者”，他很自然地关注了麦片品牌王饱饱。他翻看了不少评论，看到有说好吃的，有说口感偏硬的，于是他挑了三款不同口味的麦片，自己来做测评。“在谈阳仔”的测评笔记是一边吃一边记录，其中穿插这三款麦片的外包装照、食物实照，还有向电商客服咨询的截图。他这样表达他的试吃感受：“第一款产品芋泥奶茶属于‘优等生’，干吃口味一级棒。尤其喜欢麦片上面裹了红茶粉和奶茶粉的香气，里面有芋头奶块、苹果丁、黄桃丁和红豆粒，吃进去感觉是果干在嘴里开 party，各种风格的味道在 solo，咽下去的时候感觉这些配料是顺着奶茶一起滑进肚子的！”试吃第二款产品咖啡坚果时，他说自己平时不是很喜欢喝咖啡，不过这款咖啡味的麦片却让他觉得越嚼越香，但是不建议大家干吃咖啡奶块，略有些粘牙。第三款产品是王饱饱的“元老级”产品酸奶果然多：“买到它的时候，瞬间 respect ！salute ！向王饱饱初代 salute!”兴奋之余，他也写了中肯的建议：“第三款不能干吃，太费嘴！必须泡牛奶，麦片会有那种软糯的质感，再加上酸奶块和草莓干、葡萄干，一下子感觉自己掉进了水果干王国！”最后他按照喜爱程度进行打分排序：芋泥奶茶 95 分，咖啡坚果 85 分，酸奶果然多 80 分。

白领小桃是个长期加班的“95 后”，跟大多数女生一样，嘴里喊着“过劳肥”，却又奶茶果汁不离手。在吃到王饱饱的麦片之前，她的正餐只有寡淡的蔬菜沙拉。打开王饱饱的香辣脆脆烘焙麦片，炝香味扑鼻而来，小桃好奇地把头探近：里面是鲜亮的焦糖色，有辣椒粉包裹的麦片，晃一晃能看到辣椒脆和土豆丁。倒出一小把放进嘴里，辣而脆爽。一起到货的还有日式咖喱烘焙麦片，用咖喱粉搭配土豆和秋葵，极具浓郁的异域风情。这款麦片比其他口味的麦片更像办公室休闲零食，既不需酸奶佐味也不用牛奶浸泡，小桃吃了第一口后就停不下来，夸张的惊喜感全写在脸上。

好吃的东西大都出自有趣的灵魂。因为爱吃，王饱饱的创始人姚婧曾做过一个美食自媒体账号，在和粉丝互动过程中，她发现如今的女孩子都有一个共同的痛点：喜欢吃，但是又害怕变胖。“减肥”和“瘦”是其粉丝群体最喜欢讨论的话题。于是，姚婧便有了做一款健康食品的想法。她和创始团队有丰富的新媒体运营的经验，对社交媒体用户的喜好有深刻的洞察，她们认为新时代的消费者在选择食物的时候，除了好吃之外，便捷、健康、高颜值也是他们非常在意的方面。王饱饱麦片就是基于这样的洞察而创新出来的产品。

有点闲系列
王饱饱
WANGBAOBAO
JAPANESE CURRY
BAKED OATMEAL
日式咖喱
烘焙麦片
非膨化
高膳食纤维
净含量:206g

王饱饱日式咖喱燕麦片

走红逻辑：
互联网基因打造核心卖点

王饱饱创始团队的成员皆有互联网创业经验，根据对用户群体的精准分析，她们认为应该按照新时代消费者的喜好来做产品：“我们最终看这个产品好不好，除了口味外，颜值高不高、是否能让消费者自愿发朋友圈分享也是非常重要的考量。”除了好吃以及麦片本身具有的健康的属性，颜值也是新消费品牌要拥有的。“基于第一性原理思考消费者价值，改进产品。”在品牌上线之前，王饱饱创始团队就对品牌在用户心中的留存有着更深的思考，致力于建立“品牌等同于品类”的消费者认知，实现更高的运营效率。

传统消费品是在产品研发出来后，先由市场部包装卖点，再将产品推向各渠道，而王饱饱则是在创立之初就让粉丝直接参与到产品研发环节。在做美妆美食博主时，创始人团队就观察到年轻用户的生活习惯开始发生一些明显变化：一方面，不做饭的“一人食”场景越来越多，方便速食产品的市场空间有了明显增长；另一方面，年轻女性在追求美食的同时也对食品的健康属性提出了更高的要求。

姚婧和团队选定了 18 ～ 35 岁的年轻女性为核心目标用户，围绕她们的诉求来寻找品类和设计产品，最终选定了具有一定普适性，但在国内消费者心中尚未有强品牌留存的麦片品类作为创业切入口。当时市场上的主流麦片是西式冲泡燕麦片，低脂高纤维，但在年轻人群中的接受度较低；另一类是新式的膨化麦片，口感松脆，但因属膨化食品和含有添加剂等原因，被认为不够健康。用户调研报告显示，年轻人对麦片的认知是“不好吃”“老土”“老年人吃的东西”，如果好吃并且没那么“土”，他们会很乐意尝试。

姚婧意识到，在年轻人群中，用户需求是存在的，只是没有厂商或品牌能提供更好的产品来满足他们的需求。这需要对产品进行一些创新。王饱饱用低温烘焙工艺来保证燕麦片的膳食纤维不被破坏，同时又改善了口感，还用了更符合现代人健康诉求的甜菊糖苷和低聚果糖，再加入果干、酸奶干等配料，丰富产品的口感和观感。

有一个关于创业团队做新品调试的小故事：传统混合麦片里的果干多会制成小颗粒，与麦片均匀混在一起，大致可保证每一勺里的果干量是一致的。但联合创始人何亚溪建议在麦片里混大块的果干，提升用户在吃麦片时的幸福感。大小不一的果干的确导致每一勺的口感都不一致，但“我们为什么不能期待下一口的感觉呢”？后来的测试和产品在市场上的表现也证实了用户对这份“预期之上的体验感”的期待和认可。

新奇、健康、好吃、高颜值的产品属性击中了年轻女性用户对食品“好吃健康无负担”的诉求，也成了一种“社交货币”，吸引用户主动在网络上进行分享与传播。理顺了产品和用户的需求之间的关系后，经过创新研发的王饱饱品牌燕麦产品于 2018 年 5 月正式上线。

领先同行：
“朋克养生”创造新消费帝国

第一财经商业数据中心的报告显示，“95 后”在纤体健身上花费的金钱较其他人群更多；“80 后”“90 后”对谷物型零食的消费需求相对更高；“85 后”“95 后”抗糖的需求明显提升。盒马鲜生提供的数据也显示，近两年，在其 App 上，“低卡”“低脂”等关键词的搜索量指数显著上升。据说超过 80% 的年轻人不是在减肥，就是奔走在准备减肥的路上。矛盾的是，这些奔走在减肥路上的年轻人还挺“难搞”，不想迈开腿，更不想管住嘴。他们的饮食偏好是：口感不能让步，但负担又必须不可以有。

除了“减肥”“抗糖”，当代年轻人身上的标签还有“睡不着”“爱上网”“懒得做饭”……把这些标签作为定位，足以让新消费品牌看到背后的几点可为：一是他们需要更清晰的健康生活意识。二是他们的消费几乎完全依赖于互联网。三是提供兴趣和仪式感来营造吃东西的氛围。他们更关注颜值、内容、好吃、仪式感。颜值高不高，就是看包装等外在呈现好不好看；内容好不好，就是看产品能否成为群体性的“社交货币”；仪式感足不足，就是看东西是否值这个价格；好不好吃，则贯穿了食品行业的全部内涵。王饱饱能够做到使产品具有稀缺性和原创性，关键在于其将颜值、内容、好吃、仪式感这四点合为一体，即使竞争对手或巨头 100% 抄袭该产品，也依然抄袭不了产品的内涵。

这些大背景都为王饱饱的未来发展提供了可展望的空间。其获取新流量、新顾客的方式，都领先同行半步。有了明确的目标用户和精致的产品，接下来的关键是如何精准触达目标用户，并激起她们的购买欲，实现高效营销。

因为之前有做美妆生意和美妆美食博主的经历，创始团队深谙互联网内容营销的门道和 KOL 对新品牌的带货力。在其天猫旗舰店上线前，王饱饱的淘宝店于 2018 年 5 月先行上线。当时，创始团队在微博找了 3 位 KOL 做新品推荐。令人惊喜的是，仅 5 月当月，王饱饱的销售额就达到了 200 多万元。对于一个尚未在目标用户心中建立起信任度的全新品牌而言，此次推广无疑算得上是大获成功。从另一个角度来看，这也验证了王饱饱产品研发思路的可行性与口味麦片这一新品类拥有广阔的市场想象空间。

姚婧和创始团队估算过，平均每个用户要被触达 5 次左右才能算是“打透”，用户才能够记住产品和品牌。基于精准的目标用户画像，王饱饱的营销策略是在单位人群里“打浓度”，通过“饱和攻击”实现目标用户的高频次触达。在这个过程中需要解决两件事情：一是生产合适的营销内容，吸引用户看下去并使其留下印象。二是将合适的内容精准推送至目标人群。

王饱饱系列产品的定位是健康谷物麦片食品，“非膨化、高纤维、0 卡代糖”为产品的核心特点，产品的食用场景多元，可以作为休闲零食，也可以作为健康早餐，又或者在运动健身之余来一场“赏味之旅”。而无论在哪种食用场景里，品牌传达给用户的都是“乐活健康、积极向上”的生活理念。此外，基于对消费者诉求的深刻洞察，王饱饱保持产品的创新与更新迭代，赢得了消费者的喜爱。

品牌建设：四轮融资之后

2018 年 12 月，王饱饱完成凯泰资本、德迅投资领投的千万元天使轮融资；2019 年 12 月，王饱饱完成数千万元的 A 轮融资，源码资本和祥峰投资联合领投，德迅投资跟投；2020 年 4 月，王饱饱完成近亿元的 B 轮融资，黑蚁资本领投，源码资本、祥峰投资、德迅投资跟投；2020 年 10 月，王饱饱完成数亿元的 C 轮融资，经纬中国领投，高瓴创投跟投，老股东黑蚁资本、源码资本、祥峰投资持续加码。C 轮融资将主要用于品牌建设和供应链的持续升级。

祥峰投资执行合伙人徐颖表示：“王饱饱在这次疫情期间逆势完成融资，一方面是精准的产品定位和蓄积的品牌势

能使然，另一方面充分展现了王饱饱围绕数字化商业打造品牌产品的优势和韧性，让投资人看到王饱饱在供应链、经营管理及营销策略等多方面都是经得住考验的。本次疫情也进一步激发了消费者对于健康食品的需求，相信这会是王饱饱加速发展的新时期。期待今年王饱饱在品牌建设、线下渠道开拓等方面的积极表现。”

王饱饱董事、源码资本的张吉鸿表示：“作为近年休闲食品行业的一匹‘黑马’，此次逆势融资的完成，进一步巩固了王饱饱的行业引领地位。在企业一路高速发展的同时，我们很荣幸且欣喜地见证了团队在持续迭代成长，对创业初心的坚守，对以消费者为中心的贯彻，务实、谦逊、开放、创新已成为团队深刻的印记，期待未来不断取得更大的突破。”

另一位投资人，黑蚁资本的合伙人杨诚说：“健康食品是黑蚁资本重点关注的方向。麦片作为健康食品里普适性较高的品类，未来有很大的市场空间。大趋势、新人群、好品

● 王饱饱 × 单向空间 丨 饱读诗书展

类是这件事情的本质。食品这个传统行业需要新物种，王饱饱团队在专注产品和商业本质的同时又勇于创新的特质给我们留下了深刻的印象。相信王饱饱团队会不断打破自己的边界，为消费者带来更多具备健康属性的好产品，成为消费者心目中值得信赖的‘国潮’食品品牌。”

嗅觉最灵的投资机构们正是看到了王饱饱强大的营销概念和有力抓住了消费者心理这些优势，纷纷向王饱饱抛出橄榄枝。在观察消费者心理方面，王饱饱团队认为，品牌建设的本质是对消费者诉求的洞察，而后发现一系列可以为消费者提供更多服务的机会点。为此，王饱饱成立了消费者策略部门，因为王饱饱深知，只有充分了解了不同消费者的不同诉求，才能更好地反推至产品研发和精细化运营。这是一项必要且细致的工作。王饱饱观察到，在产品分级的情况下，用户也是分层的，“爆品”的出现更多是好奇心驱动的，而在常态下更需要做到的是如何用不同的产品去满足不同的用户需求。

在互联网时代，抓住流量也是重中之重。“我们会把流量做得更精准，内容和流量的匹配做得更好。无效用户预先做了剔除，耗费的流量费用也就没有那么多了。”姚婧说。有了流量，还要打通各类渠道，毕竟渠道才是产品销售的关键一环。在天猫侧，有 80% ~ 90% 的用户搜索“王饱饱”进店，这是王饱饱在品牌营销侧日积月累建立起的用户认知。但王饱饱还希望能够加强在“麦片”这一品类词下的进店流量，在淘系公域流量里获得更高的搜索权重。线上起家的王饱饱如今面临的是全渠道的竞争。王饱饱团队认为，快速塑造品牌、快速迭代产品、精细化全渠道运营将是未来赢得消费者的核心。

● 完美日记「名片」唇釉

PERFECT DIARY

完美日记：以一盒眼影盘种草起家的“国货之光”

THE LIGHT OF DOMESTIC PRODUCTS THAT STARTED WITH A BOX OF "EYE SHADOW TRAY"

撰　稿 / 刘娟 曾茜
供　图 / 完美日记

2019 年 11 月 12 日，时针刚过 0 点，“双十一”的实时数据统计出炉，完美日记成为有史以来首个登顶天猫彩妆榜的国货品牌。完美日记为人所熟知，并不是因为它每年更新的上架新品，而是它“红人种草”的互联网营销模式，这是一种堪比喜茶“排队营销”、小米“饥饿营销”的营销方式。线上营销早已不是 4A 公司才会使用的策略，从互联网中诞生的国货品牌们，正在互联网上依仗社群黏性，以“群体相传”的方式进行传播，或者更贴切地说，是靠用户的口碑传播。完美日记等脱颖而出的开架国货，正以熟人社交的方式进行“入侵式”品牌传播。

“我们宿舍在社群组团买了。”刚迈入大二的晚晚已经是完美日记的老顾客了，她说，“买一送一”具有极大的诱惑力，同宿舍的女孩子都被种草了枫叶系列的眼影盘。跟着美妆博主买同款眼影盘，总归是有困扰的：眼睛学会了，但是手还没会。“等等，我是哪一步没有跟上？”……宿舍里总会传来这样的叹气声，但是仍旧阻挡不了大家疯狂“买买买”。互相种草具有社交属性，那种感觉不是独自逛淘宝能够比拟的，而且好姐妹推荐、喜欢的美妆博主推荐终归比自己瞎买更靠谱。

或许正是“Z 世代”的热情簇拥，让这个品牌的销售额从 2018 年的 6.3 亿元增长到 2020 年的 20.11 亿元，势头惊人。与大多数小品牌或新兴品牌一样，这一切都是用真金白银（推广费）换来的，但与欧美大牌不同的是，完美日记走出的第一步便是放弃大牌明星代言，而是先从垂直细分类的平台博主种草开始，小心谨慎地稳步前进，打造自己的专属流量群体。

“Z 世代”的消费观：可接受心理溢价，不盲从大牌

近几年闪现的“国货之光”其实不止完美日记一家，运动品牌李宁，同类彩妆品牌花西子、花知晓等甚至已冲出国门，而日本的平价彩妆品牌也开始将目光转移到国货身上，“中国妆”的风潮正大行其道。那么，完美日记实现“从 0 到 1”的用户增长，成为第一个靠美妆博主种草取得成功的美妆品牌，用对了哪些策略呢？笔者认为，与其谈论那些已经被网上各类分析文章说烂了的观点，倒不如从用户与互联网的发展特性去分析它到底有何特别之处。

与线下实体店销售不同的是，网络销售中，商家发布到网上的图片就是门店的展示。有快销电商品牌一语道出网络销售的关键点：“你的东西卖不出，一定是你的图片没有修好。”这句话乍听略显俗气，但却切中网购者需要的线上体验，揭示出商家展示产品的过程便是“开门迎客”的关键点。完美日记将“开门迎客”的工作做到完备，再让你身边的人告诉你“这东西很棒”，从而一招制胜。完美日记联合小红书、B 站发布大篇幅的短视频种草广告，其选用博主往往都是中腰部的美妆带货博主或是彩妆爱好者博主，包括平台“野生”的美妆博主在内。

在这些平台上，18 ～ 25 岁甚至 30 岁左右的女性用户，她们目光所及之处皆为品牌展示之地。也让用户的忠实度呈螺旋式上升之势。完美日记“90 后”的创始人洞察了用户的自身需求，同时也采用了靠谱的产品策略——推出使用率高且保险的眼影盘，在彩妆爱好者的圈内进行营销种草。“买一送一”极具诱惑力，你可以挑上两款不同颜色的眼影盘，跟你的闺蜜同买。大多数人都会想试试看，因为它的价格可以接受，而且女生的化妆品款式永远都需要更替，更重要的是可以跟小姐妹们一起分享，这是一种社交，“Z 世代”们愿意为满足社交心理而接受溢价。

以新品联名方式打造完美的“小可爱”

“借力造势”是所有的互联网营销方式的底层逻辑。

小奥汀曾与 Tom&Jerry 联名推出一款芝士腮红，IP 联名的方式令其瞬间收获了大量粉丝，于是，小奥汀顺势而为，推出第二款联名产品——与泡泡玛特 Bunny 联名的眼妆礼盒，又一次借助泡泡玛特的流量赢得了一波热销。2019 年，完美日记推出了一款联名产品——与中国国家地理、Discovery 联合推出的一款眼影盘。

在子品牌的流量助推下，完美日记母公司逸仙电商更多借助流量明星以及超头部的 KOL 为品牌站台，进行话题轮播。运用互联网特有的方式开展营销，比如 KOL 开箱测评以及通过娱乐达人制造品牌氛围感，会呈现出一片“大家都在买”的景象。

将线上体验尽量外扩，比如利用“IP 联名 + 制造热点话题”助力新品上市发布等，已经成为国货彩妆必用的营销策略。它们基于对各年龄层用户社交偏好的了解描绘出用户画像，用讨喜的包装和由 IP 衍生的产品打入用户群体内部。

营销饱和，“完美日记们”的隐忧

实现打入用户群体内部这一“小目标”的背后，是昂贵的流量投入。完美日记母公司逸仙电商 2020 年财报显示，公司全年营收 52.30 亿元，全年净亏损 26.88 亿元。2020 年销售及营销费用合计 34.12 亿元，是 2019 年 12.51 亿元的 2.7 倍。

这种在招股书中曾被视为公司核心竞争力的深度合作 KOL 资源模式（借助 KOL 内容营销获取新用户并实现初次变现，之后将流量引入基于微信生态的私域流量池，再通过高频次的社群维护提高老客户的复购率并延长其生命周期）在 2017—2019 年为逸仙电商带来了用户复购率从 8.1% 到 41.5% 的飞跃式增长。但这种模式正在逐渐褪色，失去优势。

在抖音、B 站、小红书等平台“有房”的用户都能发现，花西子、COLORKEY、橘朵、柏瑞美等品牌的推广总是如影随形，一如此前的完美日记。饱和式营销成了同赛道品牌的必修课，不断有品牌通过这一玩法崛起。赛道变得拥挤，想要保持此前的声量优势，增加投入无可避免。这或许是 2020 年逸仙电商营销费用超过 2018 年、2019 年两年费用总和的原因之一，也是“国货之光们”共同面临的现状。

市场同类竞品多如牛毛，哪有那么多“自来水”？借用流行多年的一句网络用语就是：“你我本无缘，全靠我花钱。”建立存在感打开市场是通行的第一步，但怎样将关注转化为自有流量，就凭各自本事了，不少品牌就走岔了方向。同样是搞 KOL 的“人海战术”，御泥坊母公司御家汇盯上了电商直播和头部红人。难以想象，在 2019 年，御家汇与当红主播李佳琦直播合作达 47 次，与薇娅合作直播超过 30 次，此外还与陈洁 kiki、烈儿宝贝等 1500 余位网红主播合作，全年直播累计超过 8000 场。与此形成鲜明对比的是，2018 年及 2019 年前三季度，通过

UNLIMITED BEAUTY

完美日记 美不设限

网红主播合作取得的产品销售金额仅分别占御家汇营业收入的0.99%和4.02%。

没有足够国民度，也没有营销带来的强印象，尴尬的御泥坊在本应是消费主力群体的“Z世代”中缺乏存在感。头部主播带货很厉害，但直播时间长、传播率低，对于快速建立品牌印象所能提供的帮助不如其他内容社交平台。高昂的投入没能快速建立起口碑，买的人虽不少，“自来水”却不多。为形成品牌印象花费了大量时间和付出高昂成本，是御家汇2018—2019年连续两年净利润缩水的原因之一。直到2020年，御泥坊才终于找准路子，复制网红“前辈们”的营销之路，推出有吸引力的主打产品，加上此前的厚积薄发，实现了营收增长。

但众品牌的营收增长率也即将触及“天花板”。竞争越发激烈的2020年，在34亿元营销费用投入下，完美日记的销售增长率为22%，不及以前。完美日记前中高层曾直言，公司的“天花板”已到：“全国18～25岁的女性约有2.5亿人，去除不化妆或高净值女性后约有1.2亿人，完美日记触达约4000万人的消费人群，覆盖率在35%～40%。”除了继续挥舞流量的“拳头”，“完美日记们”也开始回归品牌和市场本身，瞄准真正能巩固“护城河”的核心研发和生产能力，尝试产品高端化，并将触角伸向海外市场，向欧美品牌的发展布局靠拢。

在欧莱雅、兰蔻、资生堂等欧美大牌仍立于行业高地之时，我们也能发现：真正的强者，看的不是对手，而是专注于自己的跑道。完美日记在产品推陈出新的同时，也不限于仅在熟悉的领域内进行宣传。例如，在梅尼耶以“战术名侦探”系列一举成名后，完美日记也及时抓住了其中的流量爆点，与抖音流量达人展开合作，获取了不错的曝光热度。

分析过往，我们会发觉，新消费主义的风潮在消费降级的情况下不降反升。期待更多的传统零售能够拥抱数字化以及互联网营销，为生活增添色彩，也为消费者带来更多的合理选择与快乐。经济学中有一个有趣的现象：经济低迷之际，口红的销售往往狂热。购买一支口红、一盒眼影，需要花费的金额看似不起眼，但在高频消费的加持下，同样能令商家累积起雄厚的资本。放眼未来，新冠肺炎疫情所带来的影响终将消散，曙光将至，品牌国货的新机会也将会变得越来越多。

（图片来源：完美日记）

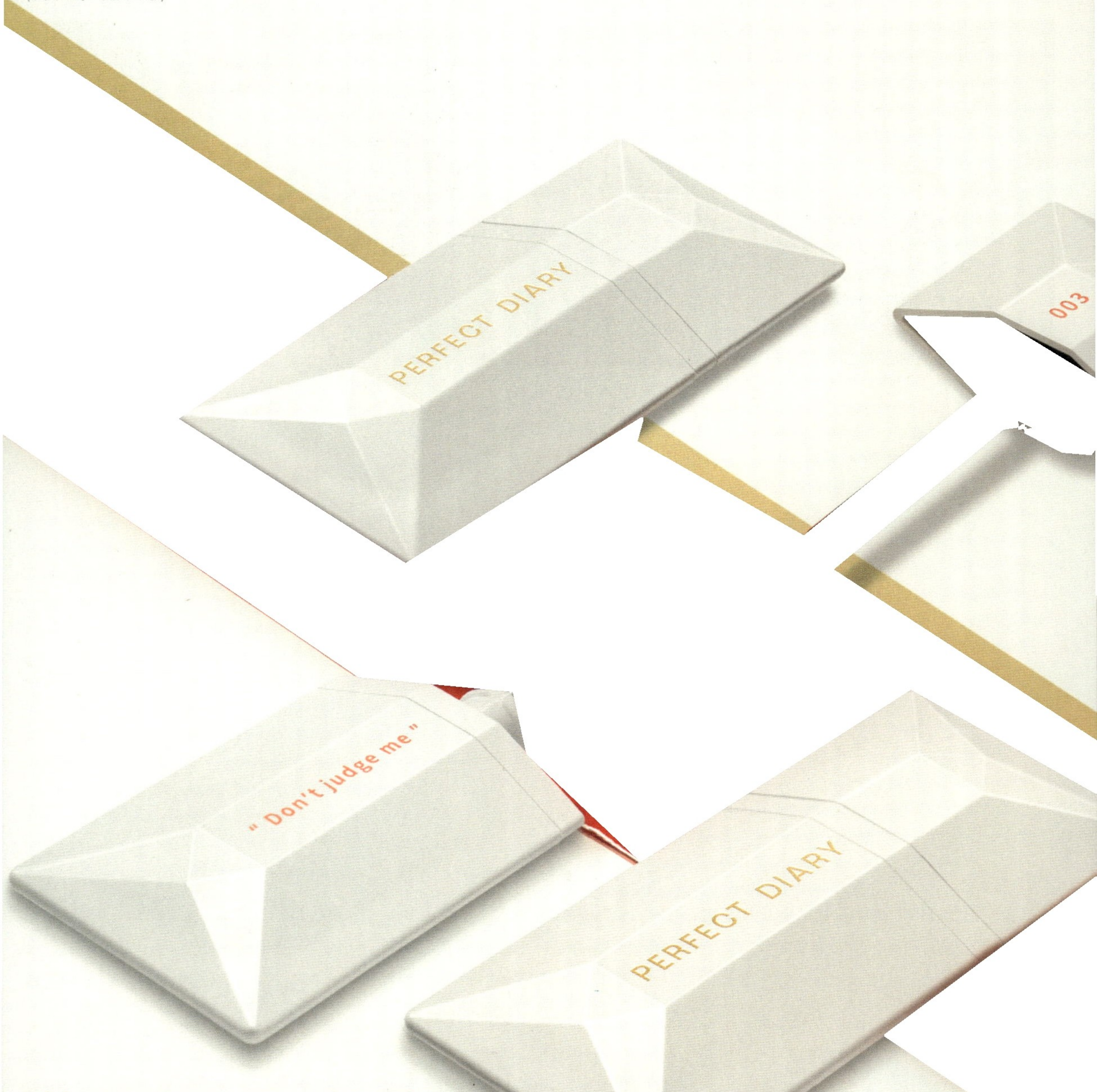

“红唇名片”
有态度，不设限

“If you are sad, add more lipstick and attack.” ——*Coco Chanel*

即便感到难过，也不忘涂上口红再去战斗。女人对于口红的偏爱，以及口红对女人的重要精神支持，浓缩在香奈儿女士的话里行间。口红是彰显自我态度的武器，也是承载个人独特信息的名片。一场疫情迎来“口罩时代”，颜色单调的蓝白医用布料遮住了红唇，但仍难挡女人们对口红的热爱。

“口红是女人的名片”这句话如今成为字面含义——2021 年，完美日记推出名片唇釉，每一种唇色都是一张名片。它们可以是“Don't judge me”“Leave me alone”的成长标签与生活态度，也可以是“hug me”的甜蜜告白。唇齿未启，态度已明。

ENT
FOR

2021

2021

2021

ENT WORKERS

扫码关注
VT公众号

SCAN THE CODE
TO PAY ATTENTION
TO VT PUBLIC NUMBER

发声体
VIDEO TALKING

发声体 MOOK

VT编辑部 / 主编
VOL.001

撕掉“网红”标签
我们是内容创作者《《

RIP OFF THE "INFLUENCER" LABEL. WE'RE CON

CONT
CRE
@梅尼耶

THE ERA OF PLEASING ONESELF

参半：一个悦己时代的新故事

受访人 / 尹阔（参半创始人）张轶（参半联合创始人）
撰　稿 / 纱词苏
供　图 / 参半

2021 年，“95 后”与“00 后”两代年轻人开始在消费时考虑产品的实用性、价格、口碑和自己的使用习惯、购买渠道等因素，与“80 后”以上的群体容易接受品牌先入为主的植入观点截然不同的是，他们的购买决策实际上正在向“悦己”这一维度倾斜。这种悦己消费与大社交时代发生碰撞，激发了一众创业者们的跨界意识，诞生了一批又一批的“黑马”品牌。参半，就是其中一个。

参半这个仅成立 3 年的新品牌，通过一款“不辣口”的漱口水及其独特的清爽包装正式进入年轻人的视野。马卡龙配色和一次性便携装的设计让人印象深刻，撕开袋子，饭后来一小条，就能保证口气整日清新，这确实会让“颜值至上”的年轻群体心动不已。为了揭开这个玩新流量打法的新秀的面纱，7 月 27 日，我们的内容小团队在深圳南山的科兴科学园，跟参半的两位创始人尹阔、张轶聊了聊，对这家能抓住市场当下需求且生机蓬勃的民生品牌有了新的认识与了解。

■ 悦己消费与短视频效应催生网红牙膏

2018 年是中国新媒体发生质变的一年，也是消费市场发生巨变的一年，短视频以及新的社交营销时代来临，助推了参半等一批新消费品牌的崛起。

这一年，小红书和抖音火了起来，成为年轻人手机端不可或缺的社交应用软件。这一年，第一批“95 后”大学毕业，“Z 世代”的消费圈层文化开始形成，他们追求新奇、酷飒、软萌、好玩，是新媒体社交软件的最前沿用户，是绝大多数新热词、新话题的源头生产者，同时也是最有潜在消费能力的一代人。

全新一轮争夺年轻人的品牌大战开启了，凭借新媒体宣传的声量优势，“悦己消费”这一购买逻辑深入人心。即使很多传统思维鄙视“讨好年轻人”的产品打法，但在流量环境以“天”为单位变化的时代，谁也逃不过“真香”定律❶。所以，抓住“流量为王”的风口和号准年轻人的脉，是参半在新一轮消费升级中发力的关键。

❶ “真香”定律：用于形容人们很快违背自己强调的观点或目标，转而站在其对立面上享受红利。

● 参半原力口腔爆珠糖 · 玫瑰味 & 百香果味

● 参半原力口腔爆珠糖·玫瑰味

“如何抓住‘流量为王’的风口？我觉得这里面的逻辑是广告的群体效应。这个群体效应的本质就是要在短时间内集中力量去突破，不管是用明星还是用网络达人来推，我们要在受众群体里面反复地触达，然后进行多维度的引导。”在向我们复盘讲解参半第一代牙膏的营销策略时，尹阔特地向前坐了坐。他说团队把流量分为两种：和品牌有关的流量与和货有关的流量。前者由明星带动，后者由网红带动。第一阶段，先找小红书，用其强流量做背书。参半在品牌推广初始阶段选用张俪、包文婧、景甜以及彭昱畅等 10 多位当时热度较高的明星在小红书上做推广，而且参半的目标用户和小红书上喜欢美妆的年轻女性高度重合。第二阶段，抖音是参半广告的重点投放渠道，在用全明星阵容打响品牌知名度后，参半开始选用带货能力更强的 KOL 和 KOC，通过视频去演示、讲解产品，刺激大家的购买欲。

也许每一个创业玩家都是豪赌的高手，为了这一波流量投放，尹阔把账面上的 300 万元资金一次性押完，赌的是产品差异化程度和流量转化效率，不对当时的收益做预期，只要品牌声量。紧接着，韩国著名女团 BLACKPINK 的成员 Lisa 用中文在 instagram 上发布了一条动态：“我非常喜欢参半，期待尽快和大家在中国见面！”参半成为 Lisa 合作的首个中国品牌，这个噱头让参半赚足了眼球。这一把，他赌赢了。

短视频战场新打法背后，是把握年轻人追求精致与“小确幸”的悦己需求。参半用做美妆护肤产品的模式来打造新消费品，用高颜值与强设计感来取悦年轻人，这个想法与王饱饱、鲨鱼菲特等互联网原生品牌的产品设计理念不谋而合。

从包材外观的角度来看，参半马卡龙色系的牙膏像极了护肤产品——应该说这是市面上最不像牙膏的牙膏产品。它的 Logo 很容易令人产生使用的画面感：它由“参半”的拼音首字母“C”演化而来，形似人嘴巴张开时的样子，其上还有 16 条代表时间刻度的短线，意思是每天睡眠 8 小时，其余的 16 小时里，需要随时随地清新口气。从产品的形态和配方上来看，积极吸取了用户意见的参半牙膏，首先是把膏体形态由固态改变为啫喱状，既能很好地附着在高速震动的电动牙刷刷头上，又能减少牙刷根部的牙膏残留，进一步强化参半的“刷后感”；其次是通过人工提取和冷萃技术，在牙膏中添加了冷杉、鱼子酱、雪莲、虫草和燕窝等稀缺食材，通过“味道足够高级”来切入高端牙膏市场。

万事俱备，东风已到。这款定价 68 元的“轻奢牙膏”一炮而红，上线仅两个月便取得了 7 万支、近 600 万元销售额的成绩。这样的好成绩使参半获得资本的青睐，在第二批产品上线之前就获得了 Pre-A 轮和 A 轮的融资。

■ 弯道超车，做重新定义漱口水的独角兽

参半打入洗护界，其野心自然不会止步于做牙膏。小获成功之后，参半开始尝试做洗护产品和彩妆，不过都成了“试错”的历练。“2020 年开始，我们做了深刻的反思，意识到我们把战线拉得太长，到最后可能哪条线都做不明白。重新梳理之后，我们决定只聚焦于做口腔护理产品。要想在口腔护理类中继续‘弯道超车’，就要选择增速最快的产品——漱口水。”张轶告诉发声体，那时他的身份刚刚由投资人转变为联合创始人，与尹阔一起积极寻找新的方向，做漱口水这个决定是基于对 5 万忠实用户的调研报告，以及对整个消费环境、口腔护理行业进行充分分析后得到的。

第一是有关品类的认知对比。消费者能够脱口说出的牙膏品牌，加上参半在内，有云南白药、舒适达、佳洁士等八九个，而提到漱口水，几乎只有李施德林一个品牌是为少部分消费者熟悉的，而这一部分消费者属于收入较高的白领及以上的阶层。此外，漱口水在中国口腔护理消费品市场中所占的比重仅有欧、美、日、韩等国家和地区的二十分之一，这是参半看到漱口水市场大有可为的重要因素。

第二是用法用量的认知对比。牙膏的用法用量几乎是统一的，而漱口水的用法用量可以说是没有上限，比如在饭后、睡前、办公、约会、运动等多个场景中都存在使用需求。

第三是竞争维度的认知对比。漱口水这个赛道中相继出现多个新锐品牌，但参半在这盘生意中，瞄准的是口气清新的“根本解决方案”。在这个维度上，参半把竞争对手设定为口香糖，这就从竞争维度上将所有其他品牌甩在了身后。

第四是消费环境所带来的意识提升。2020 年新冠肺炎疫情的出现使得人们戴口罩的时长大大增加，此时，在封闭的呼吸环境中，口气是否清新就变得尤为重要，这迫使消费者们提高了口腔健康意识。更重要的是，消费者对自身仪容仪表的精致修饰早已扩展到了口腔护理领域，尤其是女性消费者，她们为口腔美容和口腔卫生的支出大幅度增加。

● 参半联合创始人 / 张轶

找到可以“弯道超车”的增量市场之后，参半开始了新一轮的流量投放。这一次，他们还是选择了押下全部筹码，不到一个月就花光了超过 1000 万元的资金。“我们组建了一支 20 多人的信息流投放团队，保证在最大的流量池里面稳定地挖取流量。这个团队包括了策划、剪辑在内的内容中台和专业投手，内容中台依据各大平台的数据，分析出用户的内容偏好，并以社交需求为重点生产内容。”尹阔说，新品得到高效推广，应该归功于专业团队的执行及前期所做的大量市场调研和分析。他们分析抖音里上千个不同领域的视频内容去挖掘用户所感兴趣的内容形式，通过超过 5 万份问卷了解购买过参半产品的用户的痛点和需求，借助这些宏观和微观的数据结果，产品的卖点和内容的切入点被提炼出，内容生产时决策得以有理有据。而在每天大量生产内容的同时，团队高速进行内容的数据检测和迭代，不断地为产出好的内容进行打磨，将其中最吸引用户的部分提取出来并放大，用以制作新一批的内容，形成了一大批高质量的内容素材。

以抖音平台为例，除了自产内容外，参半前期还找来赵露思、毛不易、沈梦辰等头部或超头部的明星达人，大量曝光漱口水产品，紧接着跟粉丝黏性较高的 KOC 合作，将前期的曝光引流到电商平台，转化为实际销售。2020 年 11 月，参半与蜡笔小新推出 IP 联名款便携漱口水，这款漱口水一经推出，即刻圈来大批粉丝。一位消费者在购买评论中写道：“我是在抖音被洗脑的。蜡笔小新款让我没有抵抗力，我应该是属于秒下单的脑残粉了。”数据显示，2020 年 11 月，参半漱口水在抖音平台一共投了 176 个带货视频，抖音电商的转化率达 23%，整体复购率为 25%。

而在小红书和 B 站，参半广撒网式地投放了粉丝量在 1 万左右的底部 KOC，通过分享测评体验、打卡线下实体店等内容产出为漱口水做宣传。

“信息流投放辅以 KOL、明星种草，再乘以品牌和产品的设计，四者结合形成乘法效应，把过往的效益放大，实际上是在触达传统漱口水品牌没有触及的市场。我们在产品体验上延续了做牙膏时对质量和产品力的良好把控。因为对消费者来说，使用体验不仅是入口再吐出那一下，而是从看到产品那一刻就开始了。因此我们在产品的各个环节上都做了创新。”张轶拿起办公区随处可见的样品，解析起参半漱口水的配方改良和升级：“除了无酒精添加，口味也从传统的薄荷味拓展到了水果味、茶味、花香香氛等；基于搜集到的消费者喜欢的饮料口味数据，首选阳光西柚和海洋薄荷两种饮料口味打开市场，紧接着，又开发了馥郁葡萄、多酚绿茶、桃气乌龙三种饮料口味。”

“使用场景的拓展成了重要因素。

● 参半创始人 / 尹阔

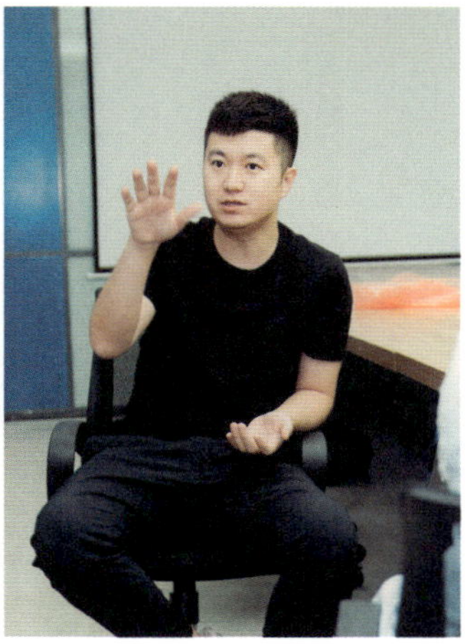

● 参半直播电商负责人 / 王琛

12毫升的条状包装深受用户的欢迎，大瓶装趋向饮料化、年轻化的设计。不辣口、不刺激的愉悦体验感帮助用户养成高频的使用习惯。”在悦己消费正成为主流消费模式的今天，年轻消费者愿意在最大消费能力范围内取悦自我，购买能令自己感受到舒适与便捷的产品。参半漱口水正式上线后的第二个月，其销售额就迎来了爆发性的增长——单月销售额突破5000万元，远超预期。2021年，参半以单月破亿元的销售成绩，稳居天猫、拼多多各大电商平台以及抖音、快手等各大新型平台的品类榜榜首。

2021年4月15日中午，赵露思的微博官宣了其成为参半代言人的消息：“春暖花开，甜蜜升级！很高兴成为@参半口腔品牌代言人，跟我一起养成漱口好习惯，守护甜甜的露齿笑容吧！”在撞色背景的广告片中，她以魔性洗脑的歌曲为参半的益生菌漱口水进行宣传：“吃完火锅用参半，约会之前用参半，常戴口罩用参半。”朗朗上口的歌词将参半益生菌漱口水的使用场景一一触及。有了当红“流量小花”的助阵，消费者对参半的品牌印象更加具象化了。

谈到用户画像，张轶透露，在参半全线产品的消费者中，女性占比90%，这意味着参半已成功打入了“她经济”。参半品牌价值的提升也使其在资本市场上收获了更多的认可——在2021年第一季度，先是完成了由创新工场、清流资本、梅花创投参与的A+轮融资，仅仅一个月后又获得了字节跳动的A2轮融资，总融资规模超过1.5亿元。2021年7月，参半完成了近4亿元的B轮融资。

a.

b.

c.

■ 随时随地能买到，实现向国民级流通品牌的转型

“今天我们谈流量红利、品类创新的时候，如果只是跟随风口或者探讨玩法层面的东西，其实很容易过气。从本质和长期的维度去思考品牌这盘生意，找到品类的立足点，比热闹一场重要得多。这需要创业者去研究、尊重品类的规律、特性，也需要把重心、注意力迁移到机会更大的地方，不贪恋短期的辉煌。”参半的创始人尹阔道出了自己对赛道的理解和认知。

尹阔说：“过往几十年的国运带来了消费红利。首先是民族文化自信以及民族自豪感的提升，其次是产业链的极度繁荣，再加上新媒体的蓬勃发展，这一切给消费品行业带来了巨大的机会。但事物的发展都有两面性，大环境固然有利，怎样让‘网红’得以‘长红’，可持续地发展下去，是我们当下的关键课题。”

下一步，他们有两个计划：一是深度和用户对话，建立跟用户沟通的良好机制，让用户参与到产品的创设中，帮助实现产品的不断迭代。二是架设好产品全渠道链路的结构，通过不同的渠道促使产品全方位触达用户，做到让用户随时、随地、随处都能买到产品。

“2021 年 2 月开始，我们组建了新的线下队伍，用了不到 3 个月时间就签约了 10 万个终端并入驻了 2 万多个终端。目前，大家可以在海王星辰、南北药店等药房购买到参半漱口水产品，还可以在永辉超市和盒马等超市渠道买到。便利店渠道方面，参半的产品入驻了全家、罗森、7-11、美宜佳，零售集合店方面则包括了 KKV 和三福百货。基于超 100 亿次的短视频曝光和 1500 万

d.

a. 企业文化墙

b. 员工办公区

c. 洽谈室

d. 企业荣誉墙一角

人的用户覆盖量，我们的品牌已初步占领了用户心智，线下网点的动销率越来越高了。”新的营销动作取得了预期的阶段性成果，这使尹阔信心倍增。参半今年签约的 10 万个终端，将在今年年底之前全部完成入驻。参半的最终目标是在全国做到 150 万个终端，携全线口腔护理产品从网红新消费品转型成为大流通级民生产品。

面对未来线下资源倾斜的问题，尹阔态度很明确：“虽然重心与注意力向线下迁移了，但不代表我们会减少线上推广。线上品效合一的广告可以解决销量的增长问题，也就解决了整个品牌在用户心中曝光的问题，这两步是同时走的。另外，在短视频内容生产方面，我们也会重新考量，比如从效果广告向创意类、剧情类广告转变，也会尝试学习泰国广告的风格，等等，这也是品牌推广升级的必经阶段。”

参半崛起于线上，又回到了线下，其获得巨大成功的路径跌宕起伏又不可复制，但未来呢？瞄准上亿的消费者是参半的野心，也是这一代新消费品牌共同的野心，但它可以如同喜茶和泡泡玛特那样在线下也获得巨大成功么？在发声体看来，这是一个绝佳的、值得继续观察的案例。

LOLITA：
LET'S BRING JK UNIFORMS HANFU AND LOLITA TO BE ON TRACK

Lolita：当“地球人”入侵，“三坑”如何走向大众

受访人 / Kayi（《Girlism 少女主义》杂志创始人 Nanami（《Girlism 少女主义》杂志联合创始人
撰　稿 / 曾茜
供　图 / 《Girlism 少女主义》

JK、Lolita、汉服三类服饰，因精致且贵而吸引到众多爱好者们不断为之消费，被并称为“三坑”或“破产三姐妹”。

JK，流行网络用语，是日文“女高中生”的简写，即取日文“女高中生”罗马音“JYOSHIKOUKOUSEI”中的“J”和“K”合并而成，如今特指日系风格的女高中生制服。在第一次世界大战结束后的 1920 年，日本出现了 JK 的最初形态，那是根据西方水手服改造而来的洋制服，随着日本国情和社会发展的不断演变，逐渐形成了一种制服文化，出现种类繁多的 JK。

Lolita，音译“洛丽塔”，起源于欧洲宫廷，是欧洲贵族的服饰，这种风格的服饰以哥特风格、甜美风格和复古风格为基础进行打造。现在这种服饰在日本广泛传播，成为一种独立风格的服饰。此类服装通常有花边、蕾丝、绑带或蝴蝶结的服饰设计，用以诠释某一主题。

汉服，“汉民族传统服饰”的简称。汉服有很多形制和种类。现代汉服承载了染、织、绣等杰出工艺以及 30 多项中国非物质文化遗产和受保护的中国工艺美术技术。

上海黄浦坐落着众多“三坑少女”们的“朝圣地”——一条集中了多家 Lolita、JK、汉服“三坑”服装店铺的小街。在这里，“地球人”（Lolita 等小众文化圈用户对圈外人的称呼）止步，处处是身着“三坑”服饰的人们。从小街走出，市民们对于盛装打扮的“三坑少女”也似乎见怪不怪。这座海派城市对于新潮文化十分包容，这里不仅诞生了无数“三坑”原生品牌，国内首本主打 Lolita 的杂志《Girlism 少女主义》，也于 5 年前在这里悄然成立。无数个仅由几个年轻人凭着一心热爱与满腔热血共同打造的“三坑”相关品牌，如种子一般散落在各个角落，努力发芽，只待一场春雨。

而今，春雨已然落下。这场名为“短视频”的春雨给小众文化带来了新的生机与活力，以及圈层的突破。一款 JK 卖出 30 万条，城市街头的“LO 娘”（穿 Lolita 的女孩）不再被看作“cosplay”（角色扮演者），十八线小城市的夜市地摊上摆满 JK 格裙、平价汉服……曾经因为贵且精致而被并称为“破产三姐妹”的汉服、JK、Lolita，逐渐乘着短视频的东风走进更多年轻人的消费圈，卸下“小众爱好”的标签。“三坑”服装百亿市场的背后，究竟承载了怎样的热爱？

以 Lolita 为调查对象，我们采访到了《Girlism 少女主义》两位创始人 Kayi 和 Nanami，从她们的视角来看 Lolita 在国内的发展。

一本 Lolita 杂志的诞生

“我是从高中开始喜欢 Lolita 的，那个时候好像是 2007 年。” 聊起 Lolita，Nanami 分享欲飙升，忍不住暴露年龄做起了行业介绍。“《下妻物语》是很多‘LO 娘’的启蒙电影，我也是看了这部电影后才对 Lolita 开始感兴趣的。当时一本动漫杂志里还做了一个 Lolita 特辑，我看了后马上就入坑了。”

与如今数百万资深“LO 娘”的好歹还可称为“小众”不同，彼时的 Lolita 圈层在互联网中简直是“查无此圈”，也没有什么知名的 Lolita 文化聚集地，为了寻找散落在天涯的同好们，Nanami 只能笨拙地从淘宝、贴吧、论坛等互联网平台摸索着搜寻。在她的记忆里，当时想要买一件日牌 Lolita，甚至都找不到一个代购。在不断寻找“组织”的过程中，Nanami

逐渐找到了许多同好，遇到了如今的合作伙伴 Kayi，还晋升为当时百度 Lolita 贴吧的吧主。即使在网上聊得火热，但在现实生活中，Nanami 想要身着 Lolita 自由穿梭在街道却并不是件轻松的事情。“我的家乡是青岛，不算小城市了，但当时如果穿‘LO 裙’（Lolita 风格的裙子）上街的话，肯定有一大群人看你，因为没有人穿。”

真正实现穿“LO 裙”的自由，还是在 Nanami 留学日本之后。在那里，她不仅与网友 Kayi 见了面，还在留学生圈子里找到了不少同好。回忆起留学时光，Nanami 有太多与 Lolita 有关的美好记忆，那也是她们在毕业有了各自工作之后也放不下的爱好。

在媒体行业从业的 Kayi 为自己的爱好创办了相关的公众号与微博，用作 Lolita 文化交流的阵地，而这也是《Girlism 少女主义》最早的雏形。“当时日本已经有了 *KERA*、*Gothic-Lolita-Bible* 等 Lolita 杂志，但国内是没有的，我们当时就想，为什么不在国内办一本这样的杂志呢？” 在 Kayi 发起创刊提议后，Nanami 当即举手应和，她们拉上身边多才多艺、志同道合的好友们，开始了第一期杂志的准备。“那个时候完全没有想到杂志的未来会怎样，或者要盈利、商业化之类的，完全是出于爱好，就像以前大家一起做同人志一样。”

在满腔爱意与期待中，《Girlism 少女主义》第一期诞生了。出乎 Kayi 和团队意料的是，圈内对于这份国内首本 Lolita 杂志给予了极大的关注，首期 5000 本杂志在预售时便被抢购一空，而这本当年心血来潮创办的杂志也延续至今。

• 《Girlism 少女主义》 no.013 期
模特 / 谢安然

网生“三坑”

当年给予 Kayi 们启蒙的 Lolita 杂志已经淡出大众视线，而《Girlism 少女主义》乘着国内“三坑”的热潮持续输出，这也在某种程度上映射出 Lolita 文化在国内外的发展生态。

“现在国内这一点跟日本不太一样，”Kayi 介绍，Lolita 与 JK 在日本属于街头时尚和校园文化，“它（Lolita）本来是原宿街头的一种潮牌。”从服装具有的层层叠叠、华丽繁复等特征不难看出，由 Lolita 文化所衍生的服饰对于身材的包容度极高。让自己开心、解放自我、打破陈规的自由精神，是资深“LO 娘”Kayi 对于 Lolita 文化的认知。在日本有着近 40 年历史的 Lolita，距其在日本兴起也已近 20 年，但穿上“地球人”眼中的奇装异服，并且坚持至今，需要的是对文化的认同，以及热爱和坚持。“日本的‘LO 娘’年龄层比较成熟，跟国内‘Z 世代’是主力消费群体还是有一些不同。”而在此之前，JK 在日本同样也经历了漫长的演化过程，在这个过程中，JK 的长短、形制的变化都包含了少女们对于个性青春的追求。在中国，“三坑”兴起是出于对文化的认同与喜爱，但之所以爆发，更多还是因为“网生需求”——新媒体尤其是短视频的发展和传播，让“三坑”迅速“破圈”，变得不那么小众。

“三坑”能够快速“破圈”，被广泛传播，无疑得益于视频与社交型内容 App 的发展，这条天然的传播路径加速了年轻人对产品、文化以及圈内资讯的了解。过去，信息的传递方式限于图文，无法快速地让年轻群体产生强烈的共鸣，如今，“三坑”经小红书、B 站等平台 UP 主收藏与展示后，出现了连锁的“化学反应”，形成自己的粉丝群体，进而也让其他领域的爱好者“入坑”。

“中国太大了，没有一个类似原宿的聚集地，大家都活跃在五湖四海，想要形成这样一种街头时尚文化还是比较难的。”正如 Kayi 所感叹的，“入坑”后的用户迫切需要一个完整、有体系的了解窗口，而《Girlism 少女主义》正好踩在了圈层的需求之上，短视频又将窗口开得更大。在城市街头，“三坑”不再是“地球人”眼中的奇装异服。“可能刚开始大家会觉得是‘cosplay’，现在都觉得很正常了。”美丽的包装、汉服背后的文化底蕴、Lolita 对于自由的向往、JK 青春个性的特色，其中任何一点都足以引来受众，更何况如今的受众是追求个性自由的“Z 世代”呢?

国牌崛起，成“地球人”新消费品

有了市场需求，自然就有生意可做。国内用户的 Lolita 与 JK 最初基本都是从日本代购的，价格不菲，而汉服在形制、版型、质量方面极为考究，故而最初崛起的也是一批高级汉服定制品牌。那些被设计所吸引的用户，很多都被“三坑”不菲的价格拦在了门外。中国人的小众市场，体量并不小。以“三坑”相对小众的 Lolita 为例，喜爱 Lolita 的少女群体已超 1 亿人之众，资深“LO 娘”群体达到 300 万人左右的规模。尽管如此，“LO 娘”群体相较于“泛二次元”群体仍是小众。一个有上百亿元需求规模的市场，自然衍生出一批走平价路线的“三坑”品牌与店铺。有数据统计，仅国内的 Lolita 品牌就已超过 1000 个，销售“三坑”的店铺已经在电商平台全面开花。

国牌 Lolita 数量虽已破千，但其中有很大一部分品牌都没能存续。“至少有一半都是那种只出了一条裙子或者几条裙子就不见了的。”在与国牌 Lolita 商家们对接的过程中，Kayi 见证了部分一线行业从业者的起伏，“品牌都还没来得及熟悉，之后就再也见不到了。竞争特别激烈，前期是个大槛，熬不过就死了。”这一规律同样适用于另外两位“姐妹”。

高性价比的平价“三坑”品牌更符合圈子扩大之后大众消费者的需求，贴近日常生活的轻 LO、轻 JK 和平价汉服自然成为更多人的选择。“现在 800 ～ 1000 元左右的 Lolita 已经是不错的中高

● GFF01 展会

端国牌了，这个价钱甚至可以买到很华丽的花嫁款，性价比蛮高的。”Kayi 介绍，同样的款式和质量，日牌 Lolita 可以卖到 10 万日元，即人民币 4000～5000 元。定价在 1000 元左右的国牌 LO 装，可提供高级定制的服务，但却仅有普通服装的价格，Kayi 对此感到十分可惜，她希望能架设一座桥梁，将这些优质的国牌服饰推荐给更多人认识。“有一种使命感吧。做行业媒体之后就会想推广它，从文化意义上让更多的人了解和喜欢 Lolita。”在新冠肺炎疫情肆虐的 2020 年，这个遗憾稍稍得到了一些弥补。这一年，《Girlism 少女主义》在海外电商平台上线，将 200 家国牌 Lolita 推向海外。在走向海外的同时，为了更好地生存，国内不少 Lolita 品牌会将产品拓展至“血缘”更近且近两年比较火热的 JK。Kayi 举例说：“Lolita 圈的门槛相对更高一点，往下沉会比较简单。像去年比较火的 JK，很多 Lolita 店会去尝试，但是做 JK 的店家比较难做好 Lolita，壁垒还是存在的。”

● GFF02 展会 模特 / 谢安然

大厂下场，打不过就加入

行业里草根出身、为爱发“店”者比比皆是，如将平价汉服发展为经济支柱产业的曹县企业，以及大批可能只出过一条小裙子的“三坑”品牌，而资本和服装行业品牌同样难以放下这块“小蛋糕”。

2017 年是 Lolita 在中国得到飞速发展的一年。这一年里，服装品牌天美意和日本知名 Lolita 模特青木美沙发布了联名款 Lolita 系列新鞋。知名 KOL 联名、优质的实体质量，加上 Lolita 少有的现货模式，本应能带来双赢，但却出现了疑似“山寨”抄袭的问题——天美意上架 Lolita 系列产品后，Lolita 包店“一个包”的店主发布微博，表示天美意配饰包疑似抄袭其店铺热卖的爆款 LO 包，并晒出相关证据。天美意方随即表示将下架相关包款并成立相关小组进行内部调查。不过事件最终不了了之，天美意并未公布最终的调查结果。

“山寨”事件无疾而终，天美意进军 Lolita 圈的脚步却不得不因此放缓。与“地球人”相比，“三坑”圈内用户对于版权的重视程度极高，加上圈层相对稳定，抄袭的传闻一旦出现，圈内抵制的呼声很难被忽略。2018 年，天美意再次发布 Lolita 春季新品系列，却被圈内大量人士留言抵制，一句“先把你抄袭 LO 店的事情解决再来进军 Lolita，好吗”被刷屏，天美意的 Lolita 进军之路就此止步。

进军计划受挫的品牌不只有天美意。专业做伞的天堂伞被网友们大开的脑洞所打动，与乐町推出了联名款 JK 短裙套装，但既不叫好也不叫座。两大厂牌联名推出的套装里包含同系列 JK 裙、天堂伞和领结各一份。这样的一份套装，在刚推出时售价超 300 元，之后的活动价格为 199.9 元。价格虽高于行业平均价格，但怎么说也是两大厂牌联名，有品牌溢价，还算是部分用户可以接受的程度。但更多人质疑，裙子的用料是 JK 圈内默认为最次的全涤纶面料，而全涤纶面料的 JK 裙售价多在 50 元以下。此外，JK 制服裙对于裙摆压褶、封边的要求极高，而此款联名产品明显是没有达到 JK 圈内对于裙子生产的要求。低于预期的产品质量，远高于圈内产品的价格，加上无现货的预售机制，种种因素让期待已久的 JK 女孩们失望。在她们看来，联名产品与其说是 JK 裙，不如说是百褶裙的实物，只不过套上了 JK 的噱头。

故宫博物院也曾出过评价不高的“三坑”产品。越来越聪明的“三坑韭菜”们不愿被随意宰割。品牌的连连受挫并不影响资本继续看好“三坑”市场，因为毕竟有着百亿元的市场规模，利润自然可观。只是比起品牌们亲自下场做一样工艺和产业链相对复杂的文化产品，资本选择了更聪明的形式，它们投资原生国牌，如十三余、猫星系、十二光年等，主打“三坑”产品，或深耕其中一类。一些品牌在近几年收获了资本的青睐，借资本之力打通了上下游产业链，逐渐走向产业化、规模化。

• GFF02 展会　模特 / Yurisa

汉服、JK、Lolita，传说中的“破产三姐妹”“Z 世代的钱包杀手”，如今已成为资本青睐的新市场。“三坑”在经历重重演化后，随着“Z 世代”开始掌握话语权，如今正向着大众的世界拔足狂奔。

a. JK

b.《Girlism 少女主义》no.010 期
模特 / Yurisa

c. 汉服

C.

（图片来源：unsplash）

interview Kayi

“Lolita 文化对我而言就是自由的精神。”

华丽且包容的外形，自我与自由的理念，让 Kayi 深深爱上了 Lolita，又因为热爱，所以能够不计成本做自己喜欢的事，比如做一本国内没有的 Lolita 行业杂志。Kayi 这个爱好者和行内一线从业者，感受并见证了 Lolita 圈层文化的飞速发展。

发声体：当初为什么会考虑去做一本关于 Lolita 文化的小众杂志？

Kayi：做这样一本刊物的初衷纯属热爱，加上国内 Lolita 文化在近几年得到快速发展，这方面的刊物却还是空白。我们了解到当时国内有一定的受众群体——当然，以现在的角度来看还是小众的，但首先有了这样一个需求缺口。我自己是做媒体出身，有一定的专业背景和行业知识，种种因素结合下，就有了这样一个念头。

发声体：创始团队除了你之外，还有其他同好吗？

Kayi：团队成员基本都是同好。Nanami 是我的合伙人，也是我在 LO 圈内认识最久的同好，她是百度 Lolita 贴吧 2015 年以前的吧主，是一位非常资深的“LO 娘”。我们的团队成员基本上都有日本留学的背景，大家的专业不同，但都有一个共同之处，就是都喜欢 Lolita。

发声体：少女文化对于你来说，是怎样的定义？

Kayi：我觉得就是永远保持年轻、热情的心吧。不是说风格一定要可爱，而是能够接受和包容，且愿意去尝试新的风格。流行文化是一直在变的，一个人只要永葆一颗年轻的心就行。就像大家总说“男人至死是少年”，那为什么我们不说“女人至死是少女”呢？很多人说到少女会觉得这是装嫩，但我说的少女，就跟男人标榜他们自己是少年一样，其实是一颗年轻热情的心，重点在心态方面。就像是 Lolita，它也不是只有可爱的风格，也有优雅的、古典的甚至很恐怖的哥特风格，只要喜欢就好。

发声体：创刊的时候会担心销量不好吗？第一期的销售量大概是怎样的呢？

Kayi：起步阶段是比较难的，不过也坚持下来了。之前还跟团队的小伙伴做过同人志、同人音乐、同人 CD。作为内容创作者，初期不太会考虑投入成本，毕竟都是要从‘为爱发电’做起来才能得到认同。就跟做同人志一样，没有在盈利和未来会做多久方面考虑太多。大部分一起参与制作的伙伴都有着各自的学业和工作，是利用自己的业余时间去做这件事情，全靠爱好支撑下来。结果第一期的销量比我们预想的要好很多。预售时我们卖出了 5000 份，也只印刷了 5000 份。现在在闲鱼 App 上还有人拿出来高价销售，这也是让我们感到非常意外的地方。

发声体：日本的工作室主要负责什么工作呢？

Kayi：日本的工作室主要负责对接商务部分，跟日本的一些品牌合作。我们还有一个日本的电商网站，就是将国内的一些 Lolita 品牌拿到日本销售。在国内也有做电商，主要是卖杂志，也会跟日牌 Lolita 有一些间歇性的合作。这是去年受新冠肺炎疫情影响后我们增加的一项业务，目前的发展比预期要好很多。之前有一个日牌委托我们代理贩售。此外也会做一些活动，如跟 baby 的联名合作，还有举办画稿大赛，大赛冠军的作品会实体化，做成 LO 裙，在中国由我们来负责代理销售。比较少有长期贩售吧，大多是有时间限定的，一两个星期内就把产品全部卖掉。

发声体：其实还挺好奇的，在日本比较受欢迎的国牌有哪些呢？

Kayi：她们（日本“LO 娘”）其实不太认识中国的品牌，不会说是冲着品牌来的，还是看个人喜好，看设计能不能戳到她们心中的“点”，是不是她们的心头所好。整体来说，日本那边的喜好相比中国这边会更偏向成熟一些，可能是因为她们的年龄层也比较大一些。古典纯色，或者日本没有的柄图（印花）LO 裙会相对更受欢迎。

发声体：新冠肺炎疫情对整体的 LO 裙宣传会有很大影响吗？对刊物的影响大吗？

Kayi：去年新冠肺炎疫情的时候我们的

《Girlism 少女主义》2019 春夏 首卷特辑
模特 / 青木美沙子 深泽翠

工作其实才刚起步，但是收益比想象中要好。可能是因为我们在日本的 SNS、推特、INS 也经营蛮久了，粉丝比较多吧，加起来有 80 万～90 万的粉丝，微博也有 100 多万粉丝。新媒体方面，我们的公众号比较活跃，一部分微博也比较活跃。纸质出版方面，一开始的计划就是出季刊，一个季度出一期。因为疫情，去年停摆了一年，今年春天才恢复。

发声体：我们对“LO 娘”这个群体比较好奇，比如年龄层。另外，在中日 Lolita 文化差异方面，你们觉得中国本土的特色有哪些可圈点的地方呢?

Kayi：日本的“LO 娘”群体明显比中国这边要成熟很多，年龄偏大，30 岁以上的女性是主力军。而国内这个群体的成员主要还是高中生和大学生，或者刚进入职场的人，年龄多在 20 岁左右。中日两国的 Lolita 文化差异也非常明显。日本 Lolita 源于原宿街头的潮牌，属于街头文化的一种，用年轻人的话来讲，穿 Lolita 是为了出街，彰显自己跟别人不一样，Lolita 服饰完完全全是实体店在售卖，是街头潮牌。国内还没有形成这类风潮，还需要一个过渡期。跟“cosplay”一样，“LO 娘”本身也是一种文化的体现，很多人都经历了从接受到了解再到喜爱的过程。在本土的 LO 裙输出方面，因为我们杂志的影响力，加上我们在海外社交媒体上有一定的粉丝受众，因此“复古 + 优雅风”的款式在日本比较受欢迎，销售情况还是挺好的。

发声体：关于短视频输出，你们有新想法吗?

Kayi：说实话，我们的短视频做得不太好。我们进来比较晚，拍得也不多。但短视频是流行趋势嘛，今后还是会做一些尝试的。只是在这方面的经验不多，想先学习，或者找更专业的人合作。

发声体：Lolita 文化对你而言，代表了什么精神?

Kayi：自由的精神吧。最早的时期，大家会觉得它象征着一种叛逆精神，它在“地球人”眼里是奇装异服，敢以这样的装束出门是需要一定勇气的。如今市场圈层在扩大，大家的接受程度在变高，出门不会像以前那样遇到那么多阻力，但是能够坚持穿下去还是需要很大的勇气的。比如 LO 圈知名的模特青木美沙子，坚持穿了 20 年的 Lolita，因为他人的不了解，遭到了很多非议与反对，但她依旧很坚定。有人会觉得，不就是一条裙子吗，能有多大的价值意义? 但它是一种精神象征，让你更坚定，更忠实于自己内心的想法。想穿什么穿什么，说起来很容易，但做起来其实是很难的。坚持自己的喜好，不在乎外人的眼光，我觉得这个就是最重要的精神吧。

发声体：我们的最后一个问题是个开放性话题——作为一个“萌新”，想“入坑”LO 裙，你有什么建议呢?

Kayi：我的建议就是可以买国牌，它们现在做得挺好，而且性价比比较高。可以找一找自己喜欢的风格。要先确定自己喜欢什么样的，有人喜欢甜系，有人喜欢古典优雅，也有人喜欢哥特。有条件的最好还是去看看实物，相对来说比在网上购买更能避“坑”。